FVA

Dagoberto Gilb

Ich hab mit dem schönsten Mädchen getanzt

Tex-Mex-Song

Erzählungen

Aus dem Amerikanischen
von Werner Schmitz

Frankfurter Verlagsanstalt

Die Originalausgabe erschien 1993
unter dem Titel THE MAGIC OF BLOOD
im Verlag University of Mexico Press

Deutsche Erstausgabe
1. Auflage 1996

Herstellung: Thomas Pradel, Frankfurt am Main
Schutzumschlag und Einbandgestaltung: Bertsch & Holst
Satz: Fotosatz Reinhard Amann, Aichstetten
Druck und Bindung: Clausen & Bosse, Leck
Printed in Germany
ISBN 3-627-00043-9

Für Rebeca, Antonio und Ricardo
mit Dank für die schöne Zeit

Inhalt

Von der heiteren Seite

Wie ich es sehe, kann ein Mann alles Geld der Welt besitzen und trotzdem ein armer Schlucker sein, wenn er seine Selbstachtung verliert. Für gewisse Dinge muß man kämpfen, auch wenn es nicht besonders vorteilhaft sein mag. Wer seinen Stolz bewahren will, darf nicht auf seine Rechte verzichten.

Genau das habe ich zu meiner Frau gesagt, als Mrs. Kevovian uns rechtswidrig die Miete erhöht hat. Ich sage rechtswidrig, weil, einmal abgesehen davon, daß es in jedem Fall unfreundlich und habgierig ist, wenn Vermieter oder Vermieterinnen mehr verlangen als den Betrag, den sie vor gar nicht langer Zeit beim Einzug festgesetzt haben, weil es also hier in dieser aufgeklärten Stadt Los Angeles gegen das Gesetz verstößt, die Miete über einen gewissen Prozentsatz hinaus anzuheben, und auch das ist nur alle zwölf Monate erlaubt, was ja schon oft genug ist. Dagegen führte nun meine Frau ins Feld, wir sollten, da Mrs. Kevovian ein wenig beschränkt und gehässig sei und man kaum mit ihr reden könne, die Mieterhöhung einfach bezahlen – insgesamt bloß sechzig und ein paar Dollar, ein Betrag, der vom erhöhten Prozentsatz her zwar richtig war, den aber die Vermieterin diesmal zwei Monate zu früh gefordert hatte. Meine Frau riet mir, ich solle keinen Ärger riskieren und zahlen. Freilich kannte sie mich besser. Wir hatten bereits die Kakerlaken und Nagetiere klaglos hingenommen, ich betätigte mich als Klempner, und unsere Veranda drohte aus dem Leim zu gehen und würde dies wahrscheinlich genau dann tun, wenn eins unserer kleinen Rackerchen – wir haben drei davon – gerade darauf herumkrabbelte. Menschen gehen beim Sturz nicht einfach aus dem Leim, sie schlagen vorher noch auf. Ich habe einmal versucht, das Mrs. Kevovian zu erklären, ohne Erfolg. Glauben Sie, ich zahle mehr Miete, wenn es nicht unbedingt sein muß?

Als die Vermieterin bei uns auftauchte und ihr Geld verlangte, wollte meine Frau ihr den Scheck mit dem korrekten Betrag geben, aber den nahm sie nicht an. Meine Frau versuchte ihr den Fehler begreiflich zu machen, doch als ich von der Arbeit nach Hause kam, lag der Scheck immer noch auf dem Kamin und wartete. Hätte ich sie anrufen und mit ihr diskutieren sollen? Ich doch nicht. Das war ihr Problem, sollte sie doch anrufen. Unterdessen wollte ich das Geld auf der Bank lassen und mir einbilden, bis dahin um so viel reicher zu sein, und wenn sie so dumm war, konnte ich es aufs Sparbuch einzahlen und Zinsen kassieren. Und tatsächlich war sie so dumm, und störrisch und gemein dazu. Ich hatte mit den anderen Mietern und mit ehemaligen Mietern gesprochen, und daher überraschte es mich gar nicht, als dann schließlich der Brief kam: Zahlen oder ausziehen. Ich fand das Ganze ziemlich komisch. Diese Frau war einfach nicht nett, was Gott persönlich bezeugen würde, und vielleicht konnten wir – denn ich hatte erfahren, daß es bis zur Gerichtsverhandlung noch etwa drei Monate dauern würde –, vielleicht konnten wir noch drei Monate umsonst wohnen. Wir hatten seit dem Auspacken ständig vom Ausziehen geredet.

Wahrscheinlich sagen Sie jetzt, so läuft es doch immer, und wahrscheinlich haben Sie recht. Tja, etwa um diese Zeit wurde ich entlassen. Ich war schon oft entlassen worden, das war also eigentlich nichts Besonderes, aber die Umstände – na ja, die Firma, bei der ich gearbeitet hatte, hat Bankrott gemacht, zwei meiner Lohnschecks sind geplatzt, und es war nicht gerade die günstigste Jahreszeit in einem für die arbeitende Bevölkerung ohnehin schon nicht gerade günstigen Jahr. Das hätte einen durchaus beunruhigen und ziemlich unglücklich machen können, aber so ein Typ bin ich nicht. Meine Überzeugung lautet, man muß für alles die richtige Situation und den richtigen Zeitpunkt abwarten. Und siehe da, abgesehen von dem Extrageld wegen der nicht gezahlten Miete hatte ich auch noch eine dicke Steuerrückzahlung zu bekommen, und außerdem gibt es ja in diesem großartigen Land so etwas wie Arbeitslosenunterstützung. Genau die richtige Zeit, mal Urlaub zu machen. Also packte ich die Kinder und meine bessere Hälfte in den Wagen und fuhr nach Baja. Das hatte ich mir verdient, wir alle hatten das.

Meine Frau hatte es ja gleich gesagt: Ich hätte

schon Bescheid wissen müssen, als wir über die Grenze wieder nach Hause wollten. Ich glaube, wir hatten die lahmste Schlange erwischt. Neben uns rückten die Autos immer weiter auf und standen nach wenigen Minuten vor dieser rot-grünen Ampel. Sie wissen, wie das ist, wenn Sie in die langsamste Warteschlange geraten sind. Ich wäre fast durchgedreht. Ein armer Kerl vor uns hatte so lange den Motor laufen lassen, daß ihm das Kühlwasser überkochte und er die Karre schieben mußte. Meine Frau sagte, ich solle mich abregen und abwarten, denn wenn wir jetzt die Schlange wechseln würden, ginge bestimmt dort nichts mehr. Ich machte die Zündung aus, dann wieder an und fuhr ein Stückchen vor. Als wir endlich dran waren, fühlte ich mich viel besser, geradezu glücklich. Es gibt keine bessere Gegend für einen Urlaub als Baja, und es war eine richtig schöne Zeit gewesen. Ich lächelte den Typ vom Zoll versöhnlich an, er sah so sympathisch aus wie Captain Stubbing aus der Fernsehserie *Love Boat*.

»Ich bin Amerikaner«, sagte ich, schon von dem Schild vorbereitet. Meine Frau sagte dasselbe. Dann ich: »Die Kinder sind auch Amerikaner. Habe allerdings seit einiger Zeit nicht mehr auf dem Rücksitz nachgesehen.«

Captain Stubbing fand das nicht besonders komisch. »Was haben Sie zu verzollen?«

»Mal sehen. Ein Sechserpack Bohemia-Bier. Eine Decke. Ein paar Muscheln vom Strand. Zwei Heiligenbilder. Puppen für die Kinder. Na ja, zwei Decken.«

»Keinen anderen Alkohol? Kein Obst? Gemüse? Keine lebenden Tiere?« Ich schüttelte jedesmal den Kopf. »Was haben Sie denn in Mexiko gemacht?«

»Am Strand geschlafen, im Meer geschwommen. Hummer gegessen, wie reiche Leute.« Anscheinend kam er nicht ganz mit. »Urlaub. Wir haben Urlaub gemacht.«

»Wie lange waren sie in Mexiko?« Nachdem er das Kennzeichen vom Computer hatte überprüfen lassen, machte er es sich auf dem Hocker neben seiner Bude bequem.

»Nur ein paar Tage«, sagte ich und verlor allmählich meine gute Laune.

»Wie viele Tage?«

»Wieviel genau?«

»Genau.«

»Fünf Tage. Sechs. Fünf Tage und sechs Nächte.«

»Haben Sie in Mexiko viel Geld ausgegeben?«

Ich fand das unglaublich, und jemand in einem Wagen hinter uns ebenfalls, denn er fing an zu hupen. Captain Stubbing merkte sich den Mann.

»Wir haben dort schon Geld ausgegeben. Aber nicht sehr viel. Wieso?«

Meine Frau griff nach meinem Knie.

»Wo genau haben Sie sich aufgehalten?«

»Am Strand. In der Nähe von Estero Beach.«

»Haben Sie keine Arbeit?«

Ich sah meine Frau an. Sie signalisierte mir ohne

Worte, ich solle jetzt keine Sperenzchen machen. »Natürlich habe ich Arbeit.«

»Und warum arbeiten Sie jetzt nicht?«

»Weil man mich vorübergehend entlassen hat, Mann!«

»Haben Sie etwas angestellt?«

»Ich sagte *vorübergehend entlassen,* nicht *rausgeschmissen!*«

»Was sind Sie denn von Beruf?«

»Arbeiter!«

»Was für ein Arbeiter?«

»Am Bau!«

»Und da gibt's keine andere Arbeit? Wo wohnen Sie?«

»Nein! In Los Angeles!«

»Sollten Sie sich nicht einen Job suchen? Ist das nicht wichtiger als Urlaub machen?«

Ich muß vor Wut rote Haare bekommen haben. Ich starrte den Kerl nur finster an.

»Bekommen Sie Arbeitslosenunterstützung?«

»Ja, kriege ich.«

»Sie bekommen Arbeitslosenunterstützung und fahren in Urlaub?«

»Schluß jetzt! Ich hör mir diese Scheiße nicht länger an!«

»Hüten Sie Ihre Zunge, Sir.« Er füllte einen Zettel aus und schob ihn mir unter den Scheibenwischer. »Fahren Sie dort ran.«

Meine Frau war leicht besorgt wegen der beiden Joints, die ich noch nicht geraucht hatte und die noch in meiner Brieftasche steckten. Während unser Auto durchsucht wurde, wollte sie mir sagen, reg dich nicht auf, aber sie kam nicht dazu, weil unser ältestes Kind die ganze Zeit schrie. Ich wollte nur noch eines: bei höherer Stelle eine Beschwerde gegen diesen Wichser ablassen. Genaugenommen ging es mir darum, daß er rausgeschmissen wurde, jedenfalls sollte er eine Menge Ärger kriegen. Ich dachte, vielleicht hätten sie mir besser zugehört, wenn sie nicht die vier Flaschen Rum entdeckt hätten, die ich hatte rüberschmuggeln wollen. Da verlor ich doch ein wenig von meinem Selbstvertrauen, wenn auch nicht das Gefühl, im Recht zu sein. Als der andere Zöllner mich darauf hinwies, daß ich noch länger festgehalten würde, wenn ich weiter so drängelte, zahlte ich das Bußgeld für den beschlagnahmten Schnaps und hielt die Klappe. Das war das Risiko nicht wert, mich abtasten zu lassen und herauszufinden, was für ein Verbrechen es war, wenn man mit ein bißchen zweitklassigem Marihuana an der Grenze erwischt wurde.

* * *

Zu Hause verging die Zeit, aber die Gewerkschaft ließ immer noch nichts von sich hören. Viele Leute machten sich Sorgen, ich aber hatte immerhin die rückständige

Miete und glaubte die Flaute damit durchstehen zu können. Ich war ein Glückspilz, daß ich eine Vermieterin wie Mrs. Kevovian hatte, die uns über diese schlechte Zeit hinweghalf. Sie hatte mir auch einen echt cleveren Anwalt besorgt. Er legte über mich unrechtmäßigen Mietstreiker Unterlagen vor, die bewiesen, daß *ich* recht hatte, was mir so komisch vorkam, daß ich beim städtischen Wohnungsamt anrief und mich erkundigte, ob ich das auch wirklich richtig verstände. Ich verstand es offensichtlich richtig. Ohne diese Mietzahlungen konnte ich meine Freizeit viel entspannter genießen, und als mir der Termin für die Gerichtsverhandlung zugeschickt wurde, die erst in gut vier Wochen stattfinden sollte, gab ich meinen Kumpels ein paar Runden aus.

Ich hatte wirklich keinen Plan bei der Sache gehabt. Aber die Arbeitslosigkeit hatte etliche Komplikationen mit sich gebracht. Für einen Umzug fehlte mir das Geld, und unsere Miete, so hoch sie auch sein mochte, war im Vergleich zu den Grundstückspreisen nur ein Klacks, und die Mäuse und Kakerlaken störten mich im Grunde auch gar nicht so sehr. Trotzdem machte ich auf Anraten ein paar häßliche Fotos, ließ auch von der Stadt die einsturzgefährdete Veranda inspizieren und betrat das Gericht am festgesetzten Tag in der Hoffnung, daß unsere offenen Rechnungen hinterher niedriger sein würden.

Ihr Anwalt war Yassir Arafat ohne das Bettlaken. Er

trug so einen Anzug mit Weste, der einen besonders distinguierten Eindruck erwecken sollte, aber ich habe so viel Ziedler & Ziedler-Reklame gesehen, daß ich Ramschware schon von weitem erkennen kann. Mrs. Kevovian saß mit gerunzelter Stirn auf einer polierten harten Bank. Als der Anwalt ihr das Verfahren erklärte, mußte ihre Tochter dolmetschen, wenn sie etwas nicht verstand. Ich konnte trotz der vielen anderen Laute jedes Wort verstehen, so klar tönte die Stimme des Anwalts in dem langen weißen Flur des Gerichtsgebäudes mit dem gebohnerten Boden. Er sprach so selbstbewußt wie ein Macker mit einem scharfen Messer in der Tasche.

»Sie sind der Beklagte?« fragte er fünf Minuten vor Prozeßbeginn.

»Richtig, und das ist meine Frau.« Ich zeigte sie ihm. »Wir sind beide angeklagt.«

»Gestatten, Villalobos. Anwalt der Klägerin.«

»Ach! Wohl studiert, was? Stolz der Familie, wie? Warum arbeiten Sie dann für die falsche Seite? Mann, die Dame, der Sie helfen, uns rauszuwerfen, ist gar nicht nett.«

»Aber Sie weigern sich, die Miete zu zahlen.«

»Sie enttäuschen mich, Meister. Sie wissen doch, daß ich versucht habe, die Miete zu zahlen. Soll ich sie vielleicht anflehen, daß sie sie nimmt? Sie verlangt mehr Geld, als ihr zusteht, und weil ich ihr die korrekte Miete zahlen will, versucht sie uns auf die Straße zu setzen.«

Yassir Villalobos blätterte finster in meinen Verteidigungsunterlagen, und ich beobachtete ihn hämisch. Garantiert hat er sie da zum erstenmal gesehen, und seine eigenen wahrscheinlich auch. »Also, mein Vorschlag: Sie zahlen Mrs. Kevovian die rückständige Miete, und ich ziehe die Anzeige zurück.«

»Sie ziehen die Anzeige zurück? Soll das ein Witz sein, Mann? Sie tun ja so, als ob ich es sei, der was falsch gemacht hat. Jetzt bin *ich* dran. Wenn Sie nicht für die Streichung meiner Schulden plädieren oder so was in der Richtung, werde ich dem Richter erzählen, wie ihr mich rechtswidrig zu schikanieren versucht habt.«

Meine Rede gefiel Villalobos nicht und mein Auftreten ebensowenig.

»Ich bin im Recht«, erklärte ich mit Nachdruck. »Das weiß ich genau, und Sie wissen es auch.« Er wand sich vor Zorn. Wahrscheinlich weil er befürchtete, vor Gericht wie ein Idiot dazustehen. »Wenn Sie mir nichts Besseres anzubieten haben, dann warten wir eben ab, was der Richter dazu meint.«

»Wohnen zum Nulltarif gibt es nicht«, sagte er schließlich. »Ich ziehe die Anzeige zurück und setze Ihnen eine neue Frist.« Er sagte das als Ultimatum, stinksauer.

Ich grinste. »Glauben Sie etwa, ich kann nicht noch einmal drei Monate warten?«

Das hatte gesessen. Angespannt schritt er durch die

Schwingtür, um sich mit dem Gerichtsschreiber zu besprechen, und meine bessere Hälfte und ich holten die Kinder viel früher als geplant vom Babysitter ab. Natürlich war ich erleichtert. Noch hatte ich zwar Geld, aber nachdem ich jetzt so lange arbeitslos war, wurde es langsam eng. Wenn ich nicht bald einen Job bekam, würde es uns an allen Ecken und Enden fehlen. Ich hatte mich auf diese fette Steuerrückerstattung verlassen, und als die Regierung beschloß, bis auf neun Dollar und etwas Kleingeld alles für sich zu behalten, weil ich nämlich aus einem der letzten Jahre noch Steuerschulden hatte und auch noch ein Bußgeld dafür bezahlen sollte, wurde es mir ganz schön mulmig. Das war nicht nett von der Regierung, und ich versuchte ihr am Telefon klarzumachen, was für ein fleißiger Arbeiter ich sei und daß ich all diese Briefe, die sie mir geschickt hatte, einfach nicht verstanden hätte, und ob sie den Arbeitslosen gegenüber nicht etwas freundlicher sein könnte, schließlich hätten meine Familie und ich doch offensichtlich nicht vorgehabt, uns mit dieser Steuerrückzahlung nach Costa Rica abzusetzen und zur Bewachung unseres Landsitzes Leibwächter anzuheuern. Es nützt aber nichts, im Recht zu sein, wenn die Regierung meint, daß sie nicht unrecht hat.

Zum Glück hatten wir immer noch Mrs. Kevovian als Vermieterin. Ich weiß nicht, wie wir ohne sie gelebt hätten. Die Arbeitslosenunterstützung reicht gerade zum Leben, wenn man keine Miete zahlen muß. Und das wollte ich so lange wie möglich nicht. Der Gewerkschaftsvertreter meinte, angeblich werde es demnächst eine Menge Arbeit geben, doch bis dahin befahl ich allen im Haus, die sprechen konnten und nicht krabbelten, sich versteckt zu halten und auf keinen Fall irgendwelchen Fremden mit Vorladungen die Tür zu öffnen. Meiner Frau gefiel es nicht, immer erst um die Ecken zu spähen, wenn sie unseren Ältesten zur Schule brachte, dafür gefiel es ihm um so mehr. Wir warteten und warteten, aber es kam niemand. Statt dessen wurde uns das Ding reichlich unhöflich an die Haustür genagelt.

So waren noch ein paar Monate dahingegangen, und welcher Narr hätte sich darüber beschwert? Meine Wenigkeit jedenfalls nicht. Ich wollte noch immer Gerechtigkeit. Das Gesetz sollte diesen schlechten Menschen, die sich verschworen hatten, meiner Familie das Zuhause zu nehmen, eine gerechte Strafe erteilen. Mann, der Richter sollte so stinksauer werden, daß er mit dem Hammer aufs Pult haute und der Krach in meinen Ohren tönte wie der Jackpot in Vegas. Ich wollte kein bißchen zurückzahlen. Und zwar nicht, weil ich das Geld gar nicht hatte und auch keine Arbeit, oder weil sie mir demnächst die Arbeitslosenunterstützung kürzen würden. Ich bestreite nicht den Einfluß dieser Dinge auf mein Denken, aber hauptsächlich ging es mir ums Prinzip. Meiner Meinung nach müßte ich ebensoviel bekommen, wenn ich im Recht war, wie ich verlieren sollte, falls ich im Unrecht wäre.

»Wohnen zum Nulltarif gibt es nicht«, erklärte mir Villalobos noch einmal, fünf Minuten bevor wir durch die Schwingtür mußten und uns bitteschön erheben sollten. »Sie haben das Geld nicht, stimmt's?«

»Natürlich habe ich das Geld. Aber ich sehe nicht ein, warum ich mich jetzt mit Ihnen einigen sollte; davon habe ich nichts. Es war schon schwierig genug hierherzukommen. Gar nicht einfach, einen Babysitter für unsere Kinder zu finden, die Sie auf die Straße setzen wollen, und wir haben auch keinen gefunden, und wir mußten einen teuren Parkplatz hier gegenüber nehmen. Ich hatte jede Menge Scherereien, aber natürlich zahle ich, was ich schuldig bin, abzüglich der unerlaubten Mieterhöhung, kein Problem.«

»Der Richter wird sie nicht mietfrei wohnen lassen.«

»Ich möchte lieber selbst hören, was er zu sagen hat.«

Villalobos war schon eine Type, aber so ist es halt, wenn man ein bißchen Bildung hat und zwei billige Anzüge und Krawatten. Ich habe mir damals geschworen, daß ich, falls ich je wieder Arbeit bekäme, meine Kinder nicht aufs College schicken würde.

Der Richter war eine Richterin, deren Familie auch nicht viel Gerechtigkeit widerfahren war, und das machte mir Hoffnung. Und es freute mich, daß unser Fall als erster drankam, denn die Kinder waren furchtbar zappelig, und meine Frau hatte ihre liebe Not, sie halbwegs still zu halten. Ich wollte der Richterin zeigen, was für eine große, glückliche Familie wir waren, und deswegen brachte ich sie alle mit an den für uns bestimmten »Angeklagtentisch«.

»Es würde die Sache sehr vereinfachen, wenn Ihre Frau mit den Kindern auf den Flur gehen würde«, sagte die Richterin.

»Sie ist eine der namentlich Beklagten, Frau Vorsitzende.«

»Ohne das schreiende Baby in den Armen Ihrer Frau können Sie Ihre Sache bestimmt besser vertreten.«

»Ja, Ma'am, Frau Vorsitzende.«

Erster Zeuge der Klägerin war ein Schwarzer, der aussah, als hätte man ihn erst vor wenigen Stunden von der Flasche weggerissen; er behauptete, er sei immer wieder bei uns vorbeigekommen, um die Vorladung abzugeben, aber ich hätte nie die Tür aufgemacht. Das miese Schwein erzählte nichts als Lügen, bis er sagte, er habe sie dann schließlich an meiner Tür befestigt, was eine großzügige Übertreibung war. Danach trat Mrs. Kevovian in den Zeugenstand. Villalobos stellte ihr ein paar belanglose Fragen, und dann wollte ich mit meinen Fragen loslegen. Ich hatte genug Anwaltsserien gesehen und war bereit.

Ich hörte den Hammer, aber er klang durchaus nicht erfreulich.

»Sie können Ihren Fall im Zeugenstand darlegen, wenn Sie an der Reihe sind«, sagte die Richterin.

»Aber, Frau Vorsitzende, ich will doch nur beweisen, daß diese Vermieterin ...«

»Sie brauchen Ihren Fall nicht mit dieser Zeugin zu verhandeln.«

»Ja, Ma'am, Frau Vorsitzende.«

Als ich dann an die Reihe kam, konnte ich ihr also nur noch die Polaroids vom üblen Zustand des Hauses zeigen und ihr von den Kakerlaken und Ratten und der Brandgefahr erzählen und antworten, aber sicher, Frau Vorsitzende, ich habe dieses Geld zurückgelegt, was übrigens die Richterin mehr als alles andere interessierte.

Bei Schnellverfahren geht es wohl nun einmal so zu. Wieder zu Hause, begann meine Frau, pessimistisch wie immer, die wertvollen Sachen in die besten Kartons zu packen. Sie konnte nicht glauben, daß in dem Urteil, das uns mit der Post zugestellt werden sollte, irgend etwas Gutes stehen würde. Der Gewerkschaftsvertreter erzählte uns noch immer von der vielen Arbeit, die es nun sehr bald geben würde, aber ich las nun doch lieber die Stellenanzeigen in der Zeitung.

Zwei Wochen später kam der Umschlag mit dem Urteilsspruch. Wir hatten gewonnen. Die Richterin hatte die Schulden zusammengerechnet und dann um zwanzig Prozent herabgesetzt. Der Sieg ist süß, jedenfalls wenn einem ein Haufen Münzen in der Hosentasche klimpert, aber ich konnte einfach nicht aufhören. Ich war im Recht, das war erwiesen, und jetzt meinte ich, wir könnten mal ernsthaft über die Zahlungsmodalitäten verhandeln. Ein bißchen sofort, ein bißchen später, und zwischendurch ab und zu mal ein bißchen. Das wollte ich Mrs. Kevovian vorschlagen, wenn sie am nächsten Abend das Geld holen käme, um fünf, wie es in der gerichtlichen Verfügung stand. »Das Geld ist nach dem üblichen Verfahren abzuholen«, war der genaue Wortlaut, und das hieß, daß Mrs. Kevovian, wie ich sie kannte, pünktlich um fünf bei uns anklopfen würde.

Vielleicht war ich doch ein klein wenig in Sorge. Was, wenn sie sich mit nichts anderem als dem ganzen Betrag zufriedengeben würde? Dann würde ich ihr drohen, gar nichts zu zahlen und mich hinter den anderen Schulden zu verschanzen. Mrs. Kevovian brauchte das Geld, das wußte ich. Besser den ganzen Betrag über einen langen Zeitraum verteilt, als gar nichts über einen noch längeren, stimmt's? Das wollte ich ihr sagen und mich mit größerem Selbstbewußtsein vor ihr aufbauen als je zuvor.

Nur daß sie nicht kam. Niemand klopfte an die Tür. Leicht nervös rief ich ein paar Anwälte an. Ich hatte einen ganzen Stapel Reklamepost von all diesen Rechtsexperten, die mir gegen eine kleine Gebühr Hilfe bei meinem Kündigungsverfahren anboten. Keiner von ihnen schien am Telefon mein Problem zu verstehen, aber vielleicht, wenn ich mal im Büro vorbeikäme ... Einer kapierte aber wohl genug. Er sagte, wenn das Geld nicht zur festgesetzten Zeit eingetrieben werde, habe die Klägerin das Recht, das Gebäude zurückzufordern. In Wahrheit sagte das nicht der Anwalt, sondern der Urteilsspruch, den ich ihm am Telefon vorgelesen hatte. Der Anwalt sagte nur: »Die Polizei wird Sie in zehn Tagen zur Räumung zwingen.« Er verlangte keine Gebühr für diese Auskunft.

Wir veranstalteten einen Flohmarkt. Sie wissen schon, wir verhökerten allerlei Sachen, die man leicht ersetzen kann, die man überall kaufen kann, wenn die Zeiten wieder besser sind: Betten, Lampen, Möbel und so. Die wertvollen Sachen verstauten wir im Kofferraum unseres Wagens – sie paßten genau hinein –, und da Greyhound gerade mit einem Billigtarif warb, war der Moment überaus günstig für einen Besuch in der alten Heimat, zumal die *abuelitos* ihre Enkel und ihre Tochter schon seit Ewigkeiten nicht mehr gesehen hatten. Man sollte alles von der heiteren Seite betrachten. Ich würde nichts von dem Geld zurückzahlen müssen, es gab eine Chance für einen Neubeginn, wie man so schön sagt, und in der Zeitung würde ich jede Menge Angebote finden. Ich konnte praktisch jederzeit wieder zu arbeiten anfangen, bei den vielen Jobs, die es bald geben würde. Unterdessen ließen wir eine Matratze in der Wohnung, damit ich einen Schlafplatz hatte und bleiben konnte, bis dann irgendwann die Polizei anklopfen würde. Vielleicht konnte die Familie auch schon bald zurückkommen, wenn ich, wie versprochen, ein Haus mit Garten gefunden und gemietet hatte. Wie auch immer. Schlimmstenfalls blieb mir der Wagen mit der breiten Rückbank.

* * *

Ein Stellenangebot aus der Zeitung war ein Anstreicherjob in der Stadt. Ich bewarb mich, zählte allerhand frei erfundene Qualifikationen auf, sollte aber trotzdem eine Prüfung ablegen. Also ging ich zur Bücherei, um mir ein Fachbuch zu dem Thema anzusehen. Von den Öffnungszeiten hatte ich keine Ahnung, und ich war wohl ein paar Stunden zu früh, also setzte ich mich unweit vom Eingang auf so eine Betonbank neben einen Stapel Zeitungen. Die Bank roch nach Pisse, aber da ich ein ziemlich aufgeschlossener Typ bin, störte ich mich nicht daran. Ich wollte die Gegend genießen, sie war recht hübsch für diese große Stadt, überall Bäume und taufeuchtes Gras, aber die anderen Frühaufsteher hatten es nicht so mit der Liebe zur Natur. Einer in meiner Nähe wälzte sich unter einem Baum herum, immer hin und her. Hörte gar nicht mehr auf. Und ein anderer, vielleicht war es auch eine Frau – in einem Pullover, der so weit war, daß die Brust sich nicht abzeichnen konnte, und einem zweiten Pullover, der wie ein Rock um die Hüfte gewickelt war, und Hosen, Cordhosen, und selbstgemachten Sandalen aus alten Tennisschuhen und Lederriemen und auf dem

Kopf schließlich langes, geflochtenes Haar, nicht allzu gut geflochten – diese Person also war neben dem Betonweg auf Nahrungssuche, wühlte nach irgend etwas im Müll herum. Ich dachte, auch nach Aluminium, aber die fünf leeren Bierdosen, die da herumstanden, kickte die Person achtlos beiseite. Die Person konnte das Gesuchte offenbar am Geruch erkennen, denn auf diese Weise prüfte er oder sie, ob es das Richtige war oder nicht. Ich fand, ich sollte diese Person im Auge behalten.

Dann ertönte ohne Vorwarnung ein unglaubliches Gebrüll, das die Tauben vom Rasen auf die Bäume jagte. Ich hätte schwören können, daß da jemand auf mich geschossen hatte. »Verräter! Das laß ich dir nicht durchgehen!« Immerhin so viel verstand ich am Ende der lautstarken Rede dieses Kerls, der plötzlich aus dem Nichts aufgetaucht war und eigentlich ganz normal aussah, ganz flott sogar, wenn er was anderes angehabt hätte. Er hatte so einen dicken, langen grauen Bart und ebensolche Haare, wie ein Gelehrter, wie Einstein. Bestimmt würde gleich jemand auftauchen und ihn fotografieren, falls das nicht schon geschehen war. Sie wissen ja, Indianer und Säufer geben die besten Motive ab. Seine Kleidung war in üblem Zustand, was seine eindrucksvolle Erscheinung etwas beeinträchtigte. Als ob er sich, seit Mama das letzte Mal seine schmutzigen Sachen gewaschen hatte, jahrelang in die Hose geschissen, mit Spaghetti bekleckert und im Schlamm gewälzt hätte. Der Mann hatte eine gewaltige Stimme, und gerade als es so aussah, als wollte er wie irgendein Spaziergänger seinen Weg fortsetzen, gerade als die gurrende Taubenschar auf den Rasen zurückkehren wollte, legte er wieder los. Er war ziemlich schwer zu verstehen, auch bei voll aufgedrehter Lautstärke, aber es ging ihm offenbar um Patriotismus, Gerechtigkeit und Treue.

»Der ist total weggetreten«, sagte John, als er an mich herantrat und seine Einkaufstüte neben mir abstellte. Seinen Namen hatte er mir gleich als erstes genannt. »John. John. Ich heiße John, man nennt mich John.« Er zog ein Weißbrot aus der Tüte, riß es in große und kleine Stücke und warf sie auf den Rasen. Die Tauben hatten schnell kapiert. »Sieh sie dir an, die tun so, als hätten sie seit Wochen nichts gegessen, fressen wie die Geier, als wären sie am Verhungern, wie die Geier, gut, daß ich drei Brote mitgebracht habe, so hungrig wie die sind, aber gleich werden sie ruhiger, wenn sie was gegessen haben, werden sie ruhiger.« John war blond und hatte fast so etwas wie eine Dauerwelle vorzuweisen, wenn Sie mich fragen. Er hatte sich erst vor einigen Tagen rasiert, die Stoppeln waren noch nicht so schlimm. Sein Bartwuchs war sowieso nicht sehr kräftig. »Die kriegen den Hals nicht voll, sieh dir das an, sieh dir das an, gut, daß ich drei Brote mitgebracht habe, normalerweise kaufe ich nur zwei.« Er bewegte sich wie er sprach – nervös, ruckhaft und ohne Pause. Auch als jemand vorbeikam, brach sein Redefluß nicht ab. »He, guten Morgen, bißchen Kleingeld übrig für was zu futtern? Nein? Wie willst du da in den Himmel kommen?« Ein Mann im Straßenanzug wandte ihm lächelnd das Gesicht zu, ging aber unbeirrt weiter. »Dafür begrab ich dich in der Hölle ganz unten, noch viel tiefer!« Dann fütterte er weiter die Vögel, die den Hals nicht voll bekamen. »So mußt du mit denen reden«, erklärte er mir. »Genau so mußt du mit denen reden, als ob du das wirklich könntest, als ob du das wirklich machen könntest.«

Irgendwie war John mir sympathisch. Er erinnerte mich an einen Hippie, und irgendwie war es schön, wieder mal einen Hippie zu sehen. Natürlich hatte er seine Probleme und erzählte mir auch davon, zum Beispiel, wie so ein Typ in dem Hotel, in dem er wohnte, seinen Fürsorgescheck behalten hatte und wie die von ihm herbeigerufene Polizei sich nicht darum gekümmert hatte, oder daß sein Hotel bloß eine Absteige für Säufer und Fixer und Zuhälter sei und er da bald ausziehen werde, daß er den Kerl anzeigen und vor Gericht auspacken werde, oder vielleicht würde er sich eine Knarre besorgen und das Arschloch einfach abknallen, der werde sich noch wundern. Das waren so seine Schwierigkeiten, aber ansonsten schien er mir ziemlich intelligent. Vielleicht war er ein bißchen high, aber längst nicht so wie der Typ, der sich immer noch unter dem Baum da herumwälzte, oder wie der andere, der sich die Lunge aus dem Hals gebrüllt hatte.

Während wir auf der Bank saßen und zusahen, wie die Tauben alles verputzten, was nur sie allein im Gras sehen konnten, sagte John noch, bevor er schließlich ging: »Tiere sind gute Menschen. Sie sind anders als Menschen, die Menschen sind nicht gut, kümmern sich um niemand. Menschen tun gar nichts für einen. In so einer Zeit leben wir, so sieht es aus. Dieser Plan von Hitler. Ich glaube, es war Hitler, vielleicht war es auch ein anderer, kann sein, daß es ein anderer war.« Wir beobachteten eine Taube, die nur ein Bein hatte, das andere war ein verkrüppelter roter Stumpf; sie hüpfte pickend auf dem Rasen herum. »Ich hab nicht viel davon gehalten, daß er die Krüppel, die Geisteskranken und die Alten beseitigen wollte. Das war nicht gut, das war nicht gut. Muß Hitler gewesen sein, oder der Prediger Hiob. Er war's, oder vielleicht war es doch ein anderer. An wen habe ich gerade gedacht? He, bißchen Kleingeld übrig? Wie willst du da in den Himmel kommen? Wenn ich mich bloß erinnern könnte, an wen ich gedacht habe.«

Ich wußte es natürlich nicht, aber ich versprach ihm, wenn es mir einfiele oder wenn sich irgendwas anderes ergäbe, würde ich ihn unter der Adresse aufsuchen, die er mir gegeben und die ich eingesteckt hatte. Ich mußte ihm zweimal zeigen, daß sie noch in meiner Tasche war. So allmählich wurde ich von diesem langen Morgen schon ein bißchen müde, ich wünschte nur noch, daß die Bücherei endlich aufmachte, damit ich mich auf die Prüfung vorbereiten konnte. Ich hatte überhaupt keinen Schimmer, was für Fragen einem bei einer Anstreicherprüfung gestellt werden konnten. Andererseits sollte es ja bald sowieso wieder Arbeit geben, und wahrscheinlich brauchte ich mir gar nicht so den Kopf zu zerbrechen.

Inzwischen war ich richtig schläfrig und hatte mich an die Bank gewöhnt, auch wenn sie tatsächlich leicht nach Pisse roch. Ich lehnte mich zurück, schloß die Augen und fühlte mich gar nicht übel. Ich dachte, versuch's doch einfach – na ja, warum nicht? –, rutschte etwas herum, legte den Kopf auf diesen Zeitungsstapel und zog die Beine an die Brust. Diesmal drückte ich die Augen fest zu und gähnte. Ich sah gar nicht ein, warum ich dagegen ankämpfen sollte, und genau dann machte die Bücherei auf.

Die Totenmaske von Pancho Villa

Es ist spät, sehr spät. Seit elf Uhr, seit fast vier Stunden, liege ich im Bett und versuche zu schlafen. So früh lege ich mich sonst nicht hin, aber es ist Sonntag nacht, und im Fernsehen läuft nichts. Nicht daß es mir an anderen Tagen Spaß macht, spätabends fernzusehen. Das tue ich sowieso schon zu oft, weil ich sonst nichts mit mir anzufangen weiß. Wahrscheinlich könnte ich auch Musik im Radio hören. Nein, stimmt nicht, fällt mir gerade ein. Im Radio läuft ja auch nichts mehr, hier in der Gegend gibt es bloß El Paso Tejano oder Juárez Ranchera, Pop aus Mexiko City oder amerikanischen Hard- oder Softrock, langweiliges Zeug, und außerdem Werbung über Werbung, und die ärgert mich nicht weniger, eher sogar noch mehr als die abends im Fernsehen. Na schön, dann liegt's also eben an mir.

Eigentlich ist es nicht spät, sondern früh, frühmorgens, und ich habe noch einen anderen Grund, ein wenig zu schlafen, ich habe nämlich morgen einen Termin. Ich habe mich endlich entschlossen, mir Arbeit zu suchen. Eine Zeitlang habe ich das ziemlich locker gesehen, habe mir gesagt, ich hätte es satt, körperlich zu arbeiten, und mir einzureden versucht, an diesem Überdruß sei mein Alter schuld. Vergeblich. Und so habe ich herumgesessen, kaum etwas getan, jedenfalls zuwenig, und bin schlapp geworden. Viel zu viel ferngesehen, um's genau zu sagen. Zugegeben, das ist zwar nicht gerade das, was ich mir unter einem tollen Zeitvertreib vorstelle, aber direkt eine Qual kann man es auch nicht nennen. Wir können unsere Rechnungen bezahlen, meine Kinder können fröhlich herumtoben und Sachen kaputtmachen, meine Frau hat endlich mal für eine Weile einen Job behalten, aber reich werden wir davon nicht. Nicht daß ich jemals wirklich versucht hätte, reich zu werden. Daher kommen ja die Schuldgefühle, was meine Arbeitssituation betrifft, das heißt, daß ich keine habe. Das hat mich fahrig und nervös gemacht, ich mache mir Sorgen, daß uns irgendwas Schlimmes passieren könnte, wenn ich mich nicht um mein Konto kümmere. Vielleicht erklärt das, warum ich so in Panik gerate, als es jetzt an die Tür klopft. Keine Ahnung, wer das sein könnte, und meine Frau schläft so fest, daß ich sie wachrütteln muß.

Mein Sohn hat einen Alu-Baseballschläger, und den nehme ich jetzt. Überlege sogar, ob ich Schuhe anziehen soll. Das hätte mir gerade noch gefehlt, ein nächtlicher Überfall, und ich barfuß. Warum denke ich gleich an einen Überfall? Gute Frage. Daran kann man sehen, wie ich denke, auch wenn es ziemlich unlogisch ist – welcher Kriminelle würde schon klopfen und läuten, um mich aufzuwecken? Ich bin eben verschlafen und nicht ganz bei mir. Außerdem sind die Zeitungen voll von Berichten über Einbrecher. Skrupellose Gangster von der anderen Seite des Flusses, für die Ganovenehre ein Fremdwort ist.

Doch als ich endlich die Tür aufbekomme, steht da nur ein Freund von mir und noch ein anderer, den ich nicht kenne. Einer meiner ältesten und besten Freunde überhaupt, den ich schon von der High School kenne und mit dem ich dann später ein paarmal zusammen auf dem Bau gearbeitet habe. Wir haben uns manche Freundin geteilt, manche Flasche und Bierdose und waren oft zusammen auf Achse ... na ja, vor Jahren, nicht ganz lupenreine Geschäfte. Will damit nur sagen, daß ich mit ihm so ziemlich die beste Zeit meines Lebens verbracht hatte. Wir sind immer noch Freunde, aber die Zeiten haben sich geändert. Inzwischen haben wir beide geheiratet – er zuerst! –, wir haben Kinder, und unsere Frauen reden mehr miteinander als wir. Nur so habe ich auch von seinen Problemen zu Hause erfahren. Zuerst wurde ihm sein Job bei der Eisenbahn gekündigt, vorübergehend. Dann wurde er erwischt beziehungsweise beschuldigt, er habe was mit einer anderen, worauf Dora, seine Frau, ihn aus dem Haus gejagt hat. Und zwar mit allen Schikanen – hat seine Kleider in die Einfahrt geworfen und einen leeren Koffer hinterher und sämtliche Türen und Fenster verriegelt.

»Hallo, du Windhund«, sage ich, nachdem ich die gelbe Außenlampe angemacht habe. Gabe trägt ein enges, zu kleines weißes T-Shirt und sieht für einen Mann

Ende Dreißig noch ganz passabel aus. Was mir nicht gefällt, ist die übliche Bierdose in seiner Hand, dieser Glanz in seinen Augen und daß er irgendwie kräftiger wirkt als ich, betrunken und was sonst noch. Im Gegensatz zu früher sind aber sein T-Shirt und die Jeans ein wenig schmutzig und zerknittert, und seine Haare, die er nicht so lang trug, als er noch Arbeit hatte, sehen aus, als hätte er sich gerade von seinem Kopfkissen erhoben, genau wie meine. Um solche Sachen hatte sich früher offenbar seine Frau gekümmert.

Ich mache auf und trete in Strümpfen vor die Tür. »Alle im Haus schlafen«, sage ich, was erklären soll, warum ich die beiden nicht hineinbitte. Wir geben uns die Hand, dann umarmen wir uns, lange nicht gesehen. »Ich habe oft an dich gedacht. Du treibst es ja ganz schön wild, wie ich höre.«

»Das brauch ich manchmal. Weißt du doch.« Gabes Grinsen ist geradezu ausgelassen.

»Von den Klamotten in der Einfahrt habe ich auch gehört.«

»Welche jetzt?« fragt er, immer noch grinsend.

»Wie, welche jetzt?«

»Hatte zweimal das Vergnügen.«

Ich verstehe gar nichts und halte den Mund.

»Paar Tage nachdem meine Alte mir den Koffer nachgeworfen hat, ist diese andere Schlampe rübergekommen und hat das Zeug, das sie von mir hatte, auch noch dort abgeladen«, klärt er mich auf, und wir lachen erst mal ausgiebig. »Weißt du, was ich gesagt habe, als Dora mich deswegen angerufen hat? ›Aber sie hat nicht zufällig den Ölfleck getroffen?‹ Worauf sie mich angebrüllt hat, daß mir fast das Trommelfell geplatzt ist.«

Wir lachen beide, und Gabes Freund steht die ganze Zeit lächelnd daneben. »Übrigens, das ist Ortíz«, sagt Gabe, als er uns endlich miteinander bekanntmacht. »Román Ortíz.« Ich gebe seinem Freund die Hand. Das Lächeln ändert nichts daran, daß sein finsteres Aussehen mich argwöhnisch macht; ich kann es nicht recht benennen, jedenfalls ist mein erster Eindruck der, daß seine locker sitzenden Westernklamotten gar nicht zu ihm passen.

Für einen Augenblick wird es zu still. Kein Hund, nicht einmal das Rascheln einer Brise. Jenseits der gelb erleuchteten Haustür sieht es sehr finster aus, und kalt; ist es aber nicht.

»Willst du ein Bier?« fragt mich Gabe und rupft eine Dose aus dem Dreierpack, den er mitgebracht hat.

»Nein. Ist mir zu spät. Oder zu früh.«

Gabe mustert mich enttäuscht, und der andere sieht Gabe an, immer noch lächelnd. Gabe reißt die Dose auf, die er mir angeboten hat.

Es tut mir sofort leid, daß ich nein gesagt habe. Irgendwie habe ich damit den beiden den Besuch vermiest, ihnen die Stimmung verdorben. »Also, wie geht's dir denn so?« frage ich.

»Nicht schlecht«, sagt er wenig begeistert. Er nimmt zwei große Schluck Bier.

»Was ist mit deinem Job?« frage ich. »Meinst du, du kannst dorthin zurück?« Bei der Eisenbahn, müssen Sie wissen, gibt es die so ziemlich am besten bezahlten Jobs hier in der Stadt.

Gabe verzieht das Gesicht und lehnt sich ans Geländer. »Diese blöden Arschkriecher. Ich werd schon was Besseres finden.«

Das schaffen die wenigsten. Und die wenigsten würden auf so einen Job verzichten. Gabe bringt beides auf einmal fertig. Das weiß ich so gut wie er selbst. Früher habe ich auch so gedacht, jetzt aber nicht mehr. Ich versuche die Schuld daran El Paso oder den Zeiten oder meinem Alter in die Schuhe zu schieben. Dabei bin ich nur ein Jahr älter als Gabe. Das ist auch so etwas, was ich an ihm bewundere und an mir nicht mag.

Ortíz hat sich noch kaum bewegt, außer zum Trinken. »Was dagegen, wenn ich da drüben mal pinkeln gehe?« fragt er und zeigt hinter die Veranda.

»Aber nein«, sage ich. »Mach ich auch immer.« Immer stimmt nicht, nur manchmal, um nicht aus der Übung zu kommen.

Gabe und ich bleiben stumm, bis wir Ortíz' Strahl auf den harten Boden meines Vorgartens klatschen hören.

»Also, was gibt's?« frage ich schließlich.

»Der Typ hat was, das du vielleicht mal sehen

willst«, sagt Gabe. »Weißt du noch, dieser alte Knacker damals in Mexiko, wie er was von Bildern mit sich und Pancho Villa drauf erzählt hat?«

Vor Jahren habe ich alles von Pancho Villa gesammelt, damals war er mein großer Held. Oder sogar noch mehr. Jedenfalls hatte ich Briefe von ihm aufgespürt, eine Pistole samt Halfter gekauft, die angeblich ihm gehört hatte, und in unserem vorderen Zimmer hängt noch immer ein gerahmtes Schriftstück, das Villa meinem Großonkel gewidmet hat; er schreibt da, er betrachte es als eine Ehre, Seite an Seite mit ihm in der Revolution gekämpft zu haben. Habe mich allerdings schon eine ganze Weile nicht mehr mit diesen Dingen beschäftigt. Kommt wahrscheinlich daher, daß ich Frau und Kinder habe. Und daß ich so viel gearbeitet habe. Und daß ich älter werde. Wenn ich einmal anfange darüber nachzudenken, fallen mir alle möglichen Ausreden ein.

»Er hat also Fotos?« sage ich und versuche interessiert zu klingen. Was ich kein bißchen bin.

»Eine Maske«, sagt Gabe.

Ortíz kommt zurück auf die Veranda. »Seine Totenmaske.«

»Davon habe ich noch nie gehört«, sage ich.

»Es wurden drei davon angefertigt«, sagt Ortíz. Dasselbe Lächeln. »Eine hat ein Produzent in Hollywood, die andere gehört einem Senator.« Ortíz macht die nächste Bierdose auf. Keine Veränderung in seinem

Lächeln, aber das Gesicht um dieses Lächeln herum wirkt jetzt stolzer.

Mein erster Eindruck verbessert sich nicht. Ich bin mir ziemlich sicher, daß Gabe den Kerl gerade erst in einer Kneipe kennengelernt hat, und meiner bescheidenen Meinung nach ... nun ja, ich würde sagen, Kneipengeschwätz. Gabe steckt sich einen Joint an. Ich wäre jetzt gern wieder im Bett, hinter verschlossener Tür. Und fühle mich prompt wieder unwohl. Was ist denn mit mir? Ich habe ganz und gar nichts gegen Marihuana, ich rauche das Zeug noch genausogern wie früher. Behaupte ich jedenfalls. Nur daß ich es nicht mehr allzuoft rauche. In einer Tüte habe ich sogar noch Stoff für zwei, drei Joints, den ich vor knapp einem Jahr bekommen habe. Nehme an, es macht mir keinen Spaß, allein zu rauchen, und jetzt wäre es mir peinlich, das Zeug mit jemandem zu teilen, weil es so vertrocknet ist. Ich sollte es wegwerfen. Ich werde es wegwerfen.

Jetzt rauche ich aber erst mal mit, weil ich nicht weiß, wie ich dazu nein sagen soll, dabei würde ich genau das am liebsten sagen. Ich weiß nicht, warum wir nicht reden. Wahrscheinlich liegt es an mir, weil ich hier in Strümpfen stehe, sie nicht ins Haus bitte und nicht sage, los, gehen wir. Vielleicht liegt es aber auch an Gabe. Er ist zu schweigsam, und wenn er sich unbehaglich fühlt, kann das nicht nur daher kommen, weil ich keine Lust auf ein Bier habe. Vielleicht hat es was mit ihm und Ortíz zu tun. Früher, als wir oft zusammen waren, ist Gabe auch schon mit solchen Typen angekommen. Gabe war schon immer so leichtgläubig, ich dagegen eher skeptisch. Gabe besorgte die Informationen, ich setzte sie zusammen, und dann zogen wir beide einen Schluß daraus, trafen eine Entscheidung – und damit hatten wir wieder einmal ein komisches kleines menschliches Rätsel gelöst, und manchmal haben wir mit dem Betreffenden dann auch was angefangen. Ging immer nur ums Kaufen oder Verkaufen. Ob der Typ versucht, Gabe was zu verkaufen? Oder was mit ihm zu tauschen? Oder will Gabe ihm was verkaufen? Aber wozu braucht er mich dabei nach all diesen Jahren? Und falls ja, warum spuckt er's dann nicht einfach aus? Womöglich denkt er, ich will das Ding kaufen. Aber warum ausgerechnet jetzt? Es ist drei Uhr nachts oder noch später, und ich kann nicht denken.

»Willst du das Ding verkaufen oder was?« frage ich Ortíz.

»Auf keinen Fall.«

Er starrt mich an, lächelt immer noch. Ich sehe Gabe fragend an, aber von ihm kommt nichts. Wir rauchen den Joint zu Ende.

»Und was hast du dann damit vor?«

»Er hat es in seiner Bude«, sagt Gabe. »Sehen wir's uns mal an.«

»Du hast es noch nicht gesehen?« frage ich ihn.

»Doch, sicher. Ich will, daß du es siehst. Du mußt bloß

noch Schuhe anziehen.« Er wirft die Kippe hin und zerquetscht sie mit der Schuhsohle. Dann knackt er die nächste Dose Bier. Er läßt das schmiedeeiserne Geländer der Veranda los und scheint aufbrechen zu wollen.

Gabes Drängen wirkt nicht direkt überschwenglich, aber doch irgendwie so ähnlich, irgendwie übertrieben, ich werde nicht schlau daraus. Seine schwierige Lage geht mir durch den Kopf. Keine Arbeit, von den Kindern getrennt. Nur, das hier ist ganz untypisch für ihn. Dafür kenne ich ihn zu gut. Er wird wieder mit Dora zusammenkommen, auch wenn sie momentan glaubt, daß sie ihn niemals wiedersehen will; er wird seinen Job zurückbekommen, vielleicht sogar einen besseren, und ich weiß, daß er das auch glaubt, und selbst wenn in den nächsten Jahren nichts daraus werden sollte, wird er die Hoffnung nicht aufgeben. Das ist es also nicht, er ist nicht auf mich angewiesen, nicht auf einen Freund oder sonst einen Fernsehkitsch. Und irgendwie scheint er auch gar nicht richtig zu wollen, daß ich mitkomme. Oder so: Mitkommen soll ich schon, aber es scheint nicht wirklich sein Wunsch zu sein, er bittet ja nicht, sondern er sagt bloß, daß ich mitkommen soll. Als ob das zu meinem Besten sei oder so.

»Heute nacht geht's nicht«, sage ich und denke, es heißt nicht heute nacht, sondern heute morgen.

»Wieso?« fragt Gabe. Wieder enttäuscht.

»Ich habe was vor. Genaugenommen in wenigen Stunden. Den üblichen Scheiß.«

Plötzlich kreuzt ein Streifenwagen auf. Weder langsam noch schnell, bloß eine Routinefahrt durch die Gegend. Nur daß er von hinten kommt, aus dem schmalen Weg, von dort hätten wir niemals mit einer Bullenkarre gerechnet, und dann fängt ein Hund an zu bellen, weil die Zentrale sich im Sprechfunk meldet und das Fenster auf der Fahrerseite offen ist.

»Den üblichen Scheiß?« sagt Gabe. »Seit wann machst du dir Sorgen wegen dem üblichen Scheiß?«

Die Frage tut mir weh, denn er hat recht. Jedenfalls war es früher so. »Ich kann's mir doch morgen ansehen. Oder wollt ihr es aus der Stadt bringen?« Ich fühle mich ein wenig in die Enge getrieben. »Habt ihr einen Käufer?« Ich sehe Gabe an. Aber der erwidert meinen Blick nicht.

»Ich will es verschenken«, sagt Ortíz. »Es gibt nur drei davon, und meins schick ich nach Moskau.« Immer noch dieses Lächeln, aber schon matter.

»Moskau?«

Wieder sehe ich Gabe an, ich fühle mich high. Er nimmt einen Schluck Bier.

»In Rußland«, sagt Ortíz.

»Das ist mir bekannt«, sage ich. »Aber warum dorthin?«

»Weil dort John Reed begraben ist«, sagt Ortíz. »John Reed hat über die mexikanische Revolution geschrieben, dann ist er nach Rußland gegangen und hat über die russische Revolution geschrieben.«

Ein Lächeln schleicht mir ins Gesicht, denn jetzt taucht der Streifenwagen wieder auf, nur diesmal von vorn, und das kommt mir besonders deshalb so lächerlich vor, weil wir hier um drei Uhr morgens über Kommunismus debattieren und ich noch nicht mal Schuhe anhabe. Dann fährt ein zweiter Streifenwagen vorbei. Es muß ein zweiter sein, denn er kommt aus einer anderen Straße auf uns zu, zu kurz nach dem ersten. Er biegt nach rechts, in die andere Richtung als der Wagen zuvor. Und jetzt bellen noch mehr Hunde in der Nachbarschaft.

»Ich mach besser das Licht aus«, sage ich. Ich öffne die Fliegentür, dann die innere Tür, greife rein und knipse die gelbe Haustürlampe aus. Eine Sekunde später rollt ein Streifenwagen vorbei. »Ihr beiden wartet lieber noch ein Weilchen.«

»Das fehlt mir noch, eine Anzeige wegen Trunkenheit am Steuer.«

Ortíz' Wagen, bemerke ich jetzt erst, ist hellgrün oder hellblau. Ist in der Dunkelheit nicht genau zu erkennen, am Verdeck blättert der Lack ab.

»Wie bist du an die Maske gekommen?« frage ich.

»Einfach so«, sagt Ortíz und trinkt sein Bier aus.

»Und woher weißt du, daß sie von Villa ist?«

»Habe sie einigen Leuten gezeigt. Warren Beatty hat sie mir abkaufen wollen.«

Warren Beatty, der Schauspieler. Jetzt muß ich richtig grinsen. Überall bellen Hunde, und wieder fährt ein

Streifenwagen an uns vorbei. Könnte schwören, das ist jetzt der dritte. Aber ohne Licht kann man uns nicht sehen hier auf der Veranda, denke ich.

»Warum läßt du das Ding nicht hier, hier in El Paso?« schlage ich vor. »Es gibt hier bestimmt viele Leute, die sich das gern mal ansehen würden. Wäre eine großartige Geste. Finde ich jedenfalls.«

Ortíz wendet sich ab von mir und meiner Naivität. »Die Leute hier wissen so was nicht genug zu schätzen, außerdem ist die Maske zerbrechlich. Drüben behandeln sie solche Dinge mit mehr Respekt als hier. Überhaupt in ganz Europa. Da gibt es Museen, die sich um bedeutende Kulturgüter kümmern. In Deutschland gibt es ungefähr dreißigmal mehr Opernhäuser als hier bei uns.« Der Vortrag löscht Ortíz' Lächeln endgültig aus, er tritt zur Seite und nimmt sich die letzte Dose Bier.

»Du warst also in Europa, in Deutschland?« frage ich.

»Nein«, sagt Ortíz humorlos.

Ich habe ihm das Lächeln gestohlen. Ich halte nach Streifenwagen Ausschau und sehe im Haus gegenüber, wo der lauteste und ausdauerndste Hund bellt, die Lichter angehen. »Aber in Moskau?«

Ortíz nimmt einen großen Schluck Bier und sammelt sich. »Die mexikanische Revolution war die erste in diesem Jahrhundert, die Bolschewiken haben darin ein Vorbild gesehen, wie das einfache Volk sich auflehnen kann. John Reed hat beide Revolutionen miterlebt und ist als Held im Kreml begraben worden. Man wird die Maske neben ihm aufstellen, als Denkmal.«

Ich lächle immer noch, aber nicht zweifelnd oder skeptisch. Eher, weil die Bullen sich verzogen haben und der Hund von gegenüber nicht aufhört mit seiner Bellerei, und deswegen bellt vermutlich ein anderer Hund ein Stück die Straße runter ebenfalls immer weiter. Ich lächle einfach bei der Vorstellung, wie wir uns hier im Dunkeln, mitten in El Paso, ohne Licht vor meiner Haustür und ich nur in Strümpfen, über Russen und Totenmasken unterhalten.

»Ich würde mir das wirklich gern mal ansehen«, sage ich.

Die beiden antworten nicht.

»Und jetzt sollte ich mich noch ein paar Stunden hinlegen«, sage ich.

Gabe zieht wieder ein enttäuschtes Gesicht. Oder eher ein bedauerndes. Ich will nicht, daß er ein schlechtes Gewissen hat, weil er vorbeigekommen ist, weil er so laut an meine Tür geklopft hat. Ich habe seit Wochen nichts anderes getan, als in die dämliche Glotze zu starren.

»Ihr solltet euch mal umsehen, ob irgendwo die Polizei auf der Lauer liegt und wartet, daß ihr wegfahrt«, sage ich. Wenn mir doch bloß noch was anderes einfallen würde.

Gabe tut meine Sorgen mit einem Achselzucken ab. So was war ihm schon immer egal, und vielleicht ist er gerade deshalb nie in ernsthafte Schwierigkeiten geraten.

Die beiden gehen noch mal pinkeln, ehe sie in Ortíz' Wagen steigen. Das Auto hört sich nach billigem Benzin und altem Motor an, als es anspringt und dann die ersten Meter ohne Licht davonrollt.

Ich verschließe die Tür und lege mich wieder ins Bett. Die Sache mit dem Job wird wohl noch etwas warten können, denke ich, und dann denke ich, wie schön es ist, high und schläfrig zu sein. Meine Frau fragt mich, wer das war, und ich sage, es war Gabe, und warte, daß sie weiterfragt. Tut sie aber nicht, also denke ich mir ihre Fragen selbst aus und beantworte sie. Eigentlich sind es meine eigenen Fragen: Er wollte, daß ich mit ihm komme. Damit ich mir was ansehe, was dieser Bekannte von ihm hat. Nein, wirklich keine Ahnung, warum ich nicht mitgegangen bin. Nein, wirklich keine Ahnung, warum ich mitgehen sollte. Vielleicht dachte er, wegen Pancho Villa. Oder vielleicht dachte er, das wäre mal eine Abwechslung für mich. Ich habe schon lange keine mehr gehabt. Nein, keine Ahnung, warum ich nicht mitgegangen bin, keine Ahnung, warum ich nicht wollte. Früher hätte ich niemals nachgedacht, früher wäre ich einfach losgezogen. Gabe und ich haben viel zusammen unternommen. Genau solche Sachen.

Ich liege auf dem Rücken im Bett, und schließlich, nachdem ich schon lange so daliege, fragt meine Frau, was Gabe gewollt hat. Nichts, sage ich, er wollte nur, daß ich mitkomme und mir Pancho Villas Totenmaske ansehe. Da muß ich wieder grinsen. Was ansehen? fragt sie. Vergiß es, sage ich. Aber wieviel Uhr ist es? fragt sie. Ist das nicht egal? sage ich.

Nancy Flores

Nancy Flores zog uns gegenüber ein, als ich noch in die Grundschule ging. Sie hatte zwei ältere Schwestern. Wenige Monate nachdem sie ihre Habseligkeiten ausgeladen hatten und bevor irgendwer in der Gegend sie und ihre Familie so richtig kannte, heiratete ihre älteste Schwester. Das war an einem Samstag. Ich spielte mit anderen Kindern auf der Straße Football, ich war Quarterback, und wir waren kurz vor einem Touchdown. Nancys Einfahrt war die Touchdown-Zone. Wir unterbrachen das Spiel, als ihre Schwester in einem weißen Hochzeitskleid aus dem Haus kam – es muß aus Satin gewesen sein, denn die Spätnachmittagssonne ließ es aufleuchten, als schreite sie im Mondlicht. Ihr Vater, angeblich Arbeiter und in der Gewerkschaft, folgte in einem teuren schwarzen Smoking, der ihm offenbar zu eng war, denn er streckte die Arme aus und zupfte daran herum. Er öffnete die Tür seines Wagens – es war ein neuer, zweifarbiger, viertüriger Chevrolet, geschmückt mit blauen Fähnchen und roten Bändern – und half seiner Tochter, beide waren sehr vorsichtig, und ihrem langen Kleid auf den Rücksitz. Gleich darauf traten Nancy und die andere ältere Schwester und ihre Mutter in rosa Kleidern aus dem Haus. Nancys Kleid war kürzer als die Kleider der anderen, es reichte nur bis zu den Knien, man konnte ihren weißen Petticoat sehen, und sie hielt einen Strauß weißer Blumen, als ob die zerbrechlich wären wie dünnes Glas. Sie trug rosa Strümpfe und schwarze Schuhe, mit Messingschnallen, die blau und wie feucht in der Sonne glänzten, genau wie ihr Haar. An ihr Haar erinnere ich mich deswegen so gut, weil Nancy das erste Mädchen war, das ich mit dieser damals neuen Frisur sah – lange Ponyfransen in der Stirn, an den Seiten glatt und auf den Schultern gelockt.

Wir Kinder spielten vor unserem Haus, weil niemand da war, der es uns verbot – meine Mutter ging arbeiten und kam erst spät nach Hause, manchmal blieb sie auch über Nacht weg; mein älterer Bruder, der schon auf die High School ging, kam auch nur selten, warum, wußte ich nicht; und mein Vater wohnte nicht bei uns. Wenn ich wollte, konnte ich mit Freunden auch drinnen spielen, aber draußen war's besser. Wir spielten Baseball, wobei die Eingangsstufen des Hauses als Fänger herhalten mußten; beim Football dienten die Bordsteine als Seitenlinien, wir rutschten auf Backblechen den Hügel runter oder hüpften über Hecken, um zu sehen, wie hoch wir springen konnten. Uns fiel immer was ein. Wir hatten einen großen Vorgarten und brauchten den Rasen vorm Haus nicht wie manche Nachbarn nur zum Vorzeigen. Nancys Eltern zum Beispiel. Nancy Flores spielte niemals draußen, zumindest nicht im Vorgarten. Das wußte ich, weil ich mich jeden Tag bis zum Dunkelwerden draußen aufhielt, auch noch, wenn die anderen Kinder nach Hause gegangen waren, und dann oft an sie dachte, wenn ich einen Ball an die Treppenstufen warf oder auf den Baum des Nachbarn kletterte oder einen Stock nach dem Hund eines anderen Nachbarn warf, der immer frei herumlief. Das einzige, was ich genau von ihr wußte, war, daß sie St. Xavier, die katholische Schule, besuchte, denn immer wenn ich sie morgens mit Vater und Schwester ins Auto steigen sah, trug sie die Schuluniform der katholischen Mädchen.

Einmal an einem Wochenende war meine Mutter mit einem Mann unterwegs, und mein Bruder hatte ein paar Freunde eingeladen. Sie tobten ziemlich wild im Haus herum, lachten und spielten Singles auf einem Plattenspieler, den einer mitgebracht hatte, prügelten sich und all so was, mixten Orangensaft mit Wodka, den einer zu Hause geklaut hatte, und ich hielt mich so nah bei ihnen, wie es ging, ohne daß mein Bruder mich zum Teufel schickte. Sie redeten über Mädchen, über Dinge, die sie mit ihnen anstellten und von denen mir nur so viel klar war, daß sie interessant sein mußten und eklig, und ich bekam zufällig mit, wie einer meinem Bruder was von Nancys Schwester erzählte. Er ging in dieselbe Kirche wie sie – wir gingen überhaupt nicht mehr zur Kirche, nicht mal zu Weihnachten oder Ostern –, und er erzählte meinem Bruder, daß er und Nancys Schwester zusammen im Firmunterricht seien. Er erzählte meinem Bruder, Nancys Familie hätte was gegen uns, weil wir das Haus vernachlässigen würden und weil meine Mom als geschiedene Mexikanerin das mexikanische Volk in ein schlechtes Licht rücken würde. In unserer Gegend gab es alle möglichen Kinder, und meinem Bruder gefiel es nicht, wenn irgend jemand uns *Mexikaner* nannte, als sei das ein schmutziges Wort – Spanisch sprachen wir so gut wie nie –, und es gefiel ihm nicht, wenn irgend jemand was über unsere Mom sagte, auch wenn er selbst fast immer wütend auf sie war. Jedenfalls war mein Bruder stinksauer und sagte, Nancys Mom und ihre Schwester seien häßliche Weiber, und dann sagte er seinem Freund, er könne ihnen das ruhig weitererzählen. Dann ließ er sich von der Auskunft ihre Nummer geben und rief bei ihnen an. Der Freund meines Bruders stand nervös und ängstlich daneben, und ich war auch dabei, als er wählte und dann wartete, während es läutete. Als endlich jemand am anderen Ende abnahm, sagte er: Ich hab Ihre Tochter gefickt, und legte auf. Ein paar von seinen Freunden lachten nach einer Sekunde, aber eigentlich lachten sie nicht so, als ob sie es komisch fänden, und ich wußte, mein Bruder lachte nicht mit, weil er es auch nicht so komisch fand. Dann drucksten sie irgendwie herum und wußten nicht, was sie jetzt tun oder sagen sollten. Mein Bruder wählte noch einmal. Diesmal brauchte er nicht so lange zu warten, bis jemand ran ging. Er sagte: Ich habe Ihre Tochter gefickt, und sie hat mir einen geblasen, und legte so schnell wieder auf wie beim erstenmal.

* * *

In der achten Klasse saß Nancy in zwei Fächern direkt hinter mir, und in Bio hatte sie einen Platz an einem der schweren schwarzen Tische ganz in meiner Nähe. Sie saß am rechten Ende des einen, ich am linken Ende des anderen – nur der Gang trennte uns. Ein einziger Schüler mehr oder weniger unter den ersten Buchstaben des Alphabets hätte uns an dem Vierertisch zusammengebracht, und dann hätten wir gemeinsam Amöben und Schwämme gezeichnet und Würmer und Frösche und Krebse seziert. Ich hatte munkeln hören – einer meiner Freunde wohnte ein paar Häuser neben ihr, und seine Mutter hing immer am Telefon und erzählte Klatschgeschichten –, warum Nancy auf die staatliche Schule gekommen war: Ihr Vater sei mit einer anderen Frau erwischt und aus dem Haus geworfen worden, sie hätten jetzt kein Auto mehr und steckten finanziell in der Klemme. Ihre ältere Schwester gehe aber weiter zur St. Xavier, weil Freunde von ihr sie mit dem Auto mitnahmen; und dafür, daß Nancy nicht mehr dorthin ging, gab es zwei mögliche Gründe: entweder konnte ihre Mutter den Schulbesuch für beide nicht mehr bezahlen, oder

Nancy hatte Ärger mit den Nonnen und wollte nicht mehr.

In den ersten Monaten – mir kam es jedenfalls wie Monate vor – sprach Nancy kaum mit mir, aber sie sprach auch mit den anderen nur wenig, das war also nicht persönlich gemeint. Sie war schüchtern und in sich gekehrt, auch in der Frühstückspause und beim Mittagessen. Immer sah ich sie allein an einem Eßtisch, mit Bleistift, Papier und einem aufgeschlagenen Buch neben sich. Ich wäre so gern mutig gewesen und hätte mich zu ihr gesetzt und Interesse für die Hausaufgaben geheuchelt. Statt dessen ging ich an ihr vorbei, spielte mit den anderen Football auf dem Sportplatz oder warf Ringe auf dem Schulhof, oder ich lachte und alberte mit den Jungs auf der Tribüne herum, und da waren auch manchmal einige ungezogene Schülerinnen dabei, die wir gern in unserer Nähe duldeten, weil sie sich nicht nur gegenseitig an den BH-Trägern zogen, sondern dies auch bei den arglosen braven Mädchen taten, die dann immer aufkreischten, wie nur Mädchen es können.

Dann hörte ich eines Morgens vor dem Unterricht, wie Nancy etwas zu mir sagte. Sie hatte gerade hinter mir Platz genommen. Ich wußte, daß sie an ihrem Pult saß, denn ich verfolgte immer ganz genau, was sie machte, aber wie immer tat ich auch diesmal so, als ob ich sie noch gar nicht bemerkt hätte. Ich dachte, ein richtiger Kerl hätte immer so zu tun, als habe er alle möglichen wichtigen Dinge im Kopf.

Hi, Richie, sagte sie.

Das sagte sie nun schon seit Wochen zu mir, aber ich hatte es stets überhört. An diesem Morgen *hörte* ich es: Das Zögern in ihrer Stimme war nicht vollkommen echt, aber ziemlich, und ihr Tonfall war nicht einfach freundlich, sondern geradezu vertraulich, intim, *sehnsüchtig*. Die Worte, so schlicht und leise sie daherkamen, waren starke Geschosse, die vernehmlich ins Ziel trafen. Sie hatte sich über ihr Pult gebeugt und mir ins Ohr gesprochen. Da ich ihr den Rücken zuwandte, konnte ich sie zwar nicht sehen, aber ich spürte sie deutlich. Also antwortete ich: Hi, Nancy. Trocken, kurz angebunden, abweisend, grob. Direkt ansehen konnte ich sie natürlich nicht, wollte ich auch nicht. Ich drehte nur den Kopf ein wenig in ihre Richtung und wandte mich dann der grünen Tafel zu.

Und genau da, mit dreizehn, fast vierzehn Jahren, ging mir auf, daß ich noch nie zuvor verliebt gewesen war. Mag sein, daß ich schon von Liebesabenteuern geträumt und sie herbeigesehnt hatte und voller Unruhe war, was da alles gut- und schiefgehen könnte, was wenn und was wenn nicht, aber so, wie es mir jetzt in den Ohren rauschte, wußte ich sofort: Das ist echt, furchterregend und unerträglich, das ist die wahre Liebe. Nichts im Himmel oder auf Erden konnte mich von Nancy Flores ablenken, und Nancy Flores war das schönste Mädchen, das ich oder irgendein anderer jemals gesehen hatte – und das war sie *wirklich,* keine

Frage, es stimmte, es war einfach *wahr,* und ich konnte tun oder denken oder mir ausmalen, was ich wollte, sie war immer dabei.

Ich weiß nicht mehr, wie lange sie schon morgens vor dem Klingeln Hi zu mir sagte. Oder ob sie vielleicht in der anderen Stunde, wo sie hinter mir saß, damit angefangen hatte. Sie tat ihr Bestes, mich zu ermutigen, damit ich selbst was unternahm, aber mir fiel einfach nichts anderes ein, außer Hi Nancy zu sagen. Immerhin gelang mir das allmählich besser, soviel war sicher. Bald schon konnte ich mich zu ihr umdrehen und ihr zulächeln. Sie sollte wissen, daß ich sie gern hatte, nur wie sehr, das wollte ich mir noch nicht anmerken lassen. Ich hatte Angst, sie würde mich auslachen, wenn sie wüßte, wie unsterblich ich in sie verliebt war. Ich war so im Fieber, daß ich die Jimmy-Clanton- und Dee-Clark-Platten meines Bruders – *aus meinen Augen strömt der Regen; nur ein Traum, nur ein Traum* – vor lauter Schmerz nicht mehr hören konnte. In der Schule umarmte ich heimlich mein Pult, und ich schrieb ganze Füllerpatronen leer, immer nur ihren Namen ins Schreibheft, Zeile um Zeile, in jeder Schrift, die ich konnte, und dann warf ich das Ganze weg. Meinen Ordner bedeckte ich über und über mit ihrem Namen, in so kleinen Buchstaben, daß kein Mensch sie lesen konnte. Und schräg über die ganze Mappe schrieb ich in großen Buchstaben ICH LIEBE NANCY FLORES, schrieb das so oft und in so vielen verschiedenen Schriftarten übereinander, in Groß- und Kleinbuchstaben, in Schreibschrift und Druckschrift, bis am Ende nur noch ein unleserlicher Balken aus schwarzer Tinte übrig war, aus dem niemand schlau werden konnte. Außer mir natürlich. Ich wußte, was da auf dem Umschlag stand: Dort wurde der Welt etwas verkündet, auch wenn ich der einzige war, der es lesen konnte. Ich träumte nur noch von meiner Liebe zu Nancy. Wobei ich mir Nancy nie in bestimmten Situationen vorstellte. Eher glich sie der Musik im Hintergrund dieser Szenen. In den Stunden, wo sie hinter mir saß, glaubte ich ihren warmen, schönen Atem sehen zu können. Manchmal fühlte ich sie so stark, daß ich Angst hatte, aufstehen zu müssen. Dann griff ich verstohlen nach unten und rückte meine Erektion so zurecht, daß das Gummiband der Unterhose sie mir an den Bauch klemmte, und konnte nur noch hoffen und beten, daß mein Pullover oder das lange Hemd den Rest erledigten, sonst wäre ich vor Scham im Boden versunken.

Dann fehlte sie eines Tages. Und noch einen Tag, und noch einen. Ich war todunglücklich. Seit dem Anruf meines Bruders sahen uns Nancys Mutter und ihre Schwester nicht mal mehr von der Seite an, wenn wir uns, wie es bei Nachbarn ja vorkommt, gelegentlich begegneten. Ich hatte läuten hören, daß ihre Mom zumindest an manchen Nachmittagen nicht zu Hause war, da hütete sie das Baby ihrer verheirateten Tochter. Viel mehr wußte ich nicht, entschloß mich aber, das Risiko einzugehen – und begab mich zu ihrem Haus. Ich hatte nachgedacht, mir für alle Fälle einen Vorwand zurechtgelegt. Ob ich ihr die Hausaufgaben bringen sollte, die sie verpaßt hatte, wollte ich fragen, oder, falls sie noch länger fehlen müßte, wenigstens die der nächsten Tage. Ich mußte einfach wissen, ob sie noch länger nicht in die Schule kommen würde. Ich mußte sie sehen, mich vergewissern, daß sie mich nicht vergessen hatte.

Die Hände in der ausgebeulten Hose, überquerte ich die Straße und den Bürgersteig, hielt mich genau in der Mitte des betonierten Fußweges und stieg brav und vorschriftsmäßig und förmlich die zwei Stufen zur Haustür hinauf. Ich drückte auf die Klingel und schob dann die freie Hand wieder in die Tasche zurück. Ich war mir nicht sicher, wie schlimm es werden könnte, falls ihre Mutter doch da war. Ist Nancy zu Hause? war der Spruch, den ich auf dem Weg eingeübt hatte. Wenn ihre Mom die Tür aufmachte, mußte ich das schnell loswerden und nicht vor Schreck die Sprache verlieren. Ich drückte noch einmal auf die Klingel und klopfte zusätzlich an das Fliegengitter.

Erst bewegte sich ein Vorhang, dann ging die Haustür auf. Es war Nancy.

Hi, sagte sie. Sie sagte das schlicht, schüchtern, perfekt.

Wie ich es mir zurechtgelegt hatte, erzählte ich ihr, ich hätte überlegt, ob ich ihr nicht irgendwelchen Mist von der Schule mitbringen sollte, sie wolle doch bestimmt nicht den Anschluß verlieren. Es hörte sich genauso auswendig gelernt an, wie es war. Nancy stand hinter der Fliegentür, nicht ganz dran, sondern einen Schritt dahinter.

Nein, sagte sie. Morgen gehe ich wieder zur Schule.

Ich muß zu breit gelächelt, zu tief geseufzt haben, denn sie lächelte zurück, bewegte sich näher an die Fliegentür heran und sah mir mit ihren schönen braunen Augen direkt ins Gesicht.

Welchen Weg nimmst du? fragte ich. Weil, ich gehe jeden Tag zu Fuß und sehe dich nie.

Sie beschrieb ihn mir.

Mir fiel ein, daß ich einen weiten Umweg machte, weil ich einen Freund abholte. Das tat ich jeden Morgen.

Meine Mom würde mich nicht mit dir gehen lassen, sagte sie.

Das denke ich auch, sagte ich und ließ ihr keine Zeit zu erklären, was ich ohnehin schon wußte. Ich überlegte, was ich sonst noch sagen konnte, irgend etwas.

Also bis später, sagte ich.

Bis morgen, sagte sie.

Ich ging nur über die Straße zurück, aber als ich nach Hause kam, wußte ich, daß ich viel weiter gereist war.

* * *

Es fing damit an, daß wir vor unseren gemeinsamen Schulstunden miteinander sprachen. Ich wartete auf sie, beeilte mich, vor ihr da zu sein, und begegnete ihr dann rein zufällig. Dann begannen wir, uns in der Mittagspause zu treffen, nachdem sie mit zwei neuen Freundinnen gegessen hatte und ich mit den Freunden, die seit Jahren mit mir aßen. Wir saßen abseits von den anderen, ab und zu streiften wir mit Händen, Armen oder Schultern aneinander – immer zufällig –, und jede dieser kleinen Berührungen war so sinnlich wie ein Kuß.

Einmal wurden die Jungen- und Mädchenklassen in Sport für eine Woche zusammengelegt, da sollten wir tanzen lernen. Wir wurden in einer Reihe vor unseren sogenannten Partnern aufgestellt, aber kaum hatte man uns gesagt, was auf uns zukommen sollte, rannte alles auseinander. Die Mädchen kicherten, die Jungen kreischten, die Lehrer brüllten uns an, wir sollten nicht so kindisch sein und einfach diejenige nehmen, die vor uns stehe. Nancy und ich, wir standen uns gegenüber. Ich faßte sie mit einer Hand an der Hüfte, sie legte mir eine Handfläche auf den Rücken, und die Finger unserer anderen Hände verschlangen sich ineinander. Was danach kam, weiß ich nicht mehr, nur daß mir alles und alle anderen vollkommen gleichgültig waren.

Nancy liebte mich, ich liebte sie. Alle wußten das. Wir hörten auf so zu tun, als wüßten wir es selber nicht. Die Lehrer scherzten, zogen die Augenbrauen hoch und zwinkerten uns zu, manchmal ließen sie auch ein Schmunzeln sehen, das ebenso nach innen wie nach außen gerichtet war, eben typisch erwachsen. Die anderen Kinder, Jungen und Mädchen, scharten sich um uns, wahrten aber neugierig und flüsternd eine gewisse Distanz. Meine alten Freunde ließen mich in Ruhe – stellten mir keine einzige Frage, ich hätte ohnehin keine gehört –, weil sie solchen Respekt hatten und sprachlos vor der geheimnisvollen Welt standen, in die ich eingetreten war und sie nicht. Und vor allem, weil Nancy nicht nur in meinen Augen das schönste Mädchen der achten Klasse war. Abgesehen von ihren wunderbaren Haaren und Augen und Lippen und allem anderen Wunderbaren, hatte Nancy eine Figur wie eine Frau, sie hatte schon Brüste, während bei den meisten anderen Mädchen in der achten Klasse noch nicht viel davon zu sehen war, und das fiel natürlich nicht nur mir auf, sondern auch allen anderen Jungen. Und da alle Jungen wußten, daß ausgerechnet dieses Mädchen mich gern hatte, waren sie neidisch auf mein unglaubliches Glück.

Nun gingen Nancy und ich immer zusammen nach Hause. Wenn ihre Mutter nicht zum Babysitten war, verabschiedete ich mich, bevor wir in unsere Straße einbogen. Wenn sie aber nicht zu Hause war, nun, dann saßen wir, jedenfalls an ein paar Tagen, auf den Eingangsstufen vor unserem Haus. Aber das machte

Nancy nervös, sie hatte Angst, daß ein Nachbar uns sehen und uns ihrer Schwester oder ihrer Mutter verraten könnte, und deshalb gingen wir dann lieber hinein, auf die Couch im Wohnzimmer, nahe beim Fenster zur Straße, damit wir hörten, wenn jemand kam. Anfangs küßten wir uns nur auf die Lippen und waren ziemlich verlegen. Dann nahmen wir die Zungen dazu und übten uns ausgiebig darin. Meine Hand streifte langsam über ihren Rücken, meine Finger glitten auf dem Träger ihres BH hin und her, und ich fühlte ihre Brüste an meiner Brust. Nancy und ich küßten uns eine Ewigkeit, und schließlich versuchte ich meine Hand nach vorne zu bringen. Aber sie bremste mich, und nach ein, zwei Minuten stand sie auf und mußte gehen, bevor ihre Mutter oder ihre Schwester zurückkam. Am nächsten Tag, bei der nächsten Gelegenheit, versuchte ich es wieder, und nachdem ich bald dahintergekommen war, daß sie im Grunde gar nichts gegen diese Attacken hatte, versuchte ich es immer öfter, und zwar mit mehr Geduld und auch mit mehr Nachdruck. Zuerst griff ich ihr hinten unter die Bluse, streichelte ihre Haut und schob einen Finger unter den Träger. Ich fuhr mit dem Finger an dem dehnbaren Band entlang, bis an die Seite, wo es breiter wurde. Wo ich beim letztenmal stehengeblieben war, konnte ich das nächste Mal weitermachen. Und eines Tages ließ ich mich nicht mehr von ihr bremsen, oder sie bremste mich nicht mehr, und ich umfaßte die Wölbung ganz, legte die Hand auf das

Spitzengewebe, das noch immer verbarg, was ich noch nicht berührt hatte. Den Zugang zu diesem Stück Haut verwehrte Nancy mir lange. Dabei gefiel es ihr auch, wenn ich sie dort anfaßte – da war ich mir sicher, obwohl ich ihr Verhalten nicht begreifen konnte; und als ich ihr dann eines Tages den BH aufmachte, bremste sie mich nicht. Nichts, was ich mir je ersehnt habe, war so befriedigend wie das Gefühl, als ich ihre Brüste streichelte, die zarte Babyhaut, die sie umschloß; keinem Genuß konnte ich mich so unermüdlich hingeben wie dem, an diesen festen Brustwarzen herumzuspielen. Nichts vorher und nichts nachher, nichts hat sich jemals mit dem schlichten Glück messen können, das mir in diesem Augenblick zuteil geworden ist.

Als sie an diesem Tag gehen mußte, waren wir so verlegen wie am Anfang, als wir die ersten Worte gewechselt, uns das erstemal zum Nachhausegehen verabredet, uns zum erstenmal geküßt hatten. Wir konnten uns nicht in die Augen sehen. Wir hatten die Welt der Erwachsenen entdeckt, spürten aber unsere Jugend und wie ängstlich wir noch waren. Nancy stand von der Couch auf. Sie sagte: Also, dann bis morgen.

* * *

Joseph Schlee war ein großer, schlaksiger Deutscher mit starkem Akzent, er trug eine dicke Brille und hatte immerzu ein dämliches Grinsen im Gesicht. Seine

Jeans waren stets gewaschen und gebügelt, seine spitzen schwarzen Schuhe schlurften nie unpoliert über den Schulhof, und sein weißes Frackhemd – gebleicht und ebenfalls gebügelt, vielleicht sogar gestärkt – war so fest eingesteckt, daß es ihm nie aus der Hose rutschte. Niemand hatte direkt etwas gegen diesen Jungen, aber es wollte auch niemand etwas mit ihm zu tun haben. Er schien das als die Freundlichkeit selbst aufzufassen, jedenfalls freundlich genug für ihn.

Es war der Morgen, nachdem ich Nancys Brüste berührt hatte, und ich war noch immer wie im Rausch.

Schlee stand oben auf der Treppe vor unsrem Klassenzimmer. Wir hatten in der ersten Stunde zusammen Sport gehabt, und er, adrett wie immer, war als erster mit Umziehen fertig. Andere Kinder standen unter ihm und warteten auf den Lehrer, der auf uns zueilte, um die Tür aufzuschließen, aber noch ein Footballfeld weit entfernt war. Als Schlee mich heraufkommen sah, richtete er seinen blöden Blick auf Nancy, die ihr Ringbuch und ihre Schulbücher vor die Brust geklemmt hielt, und grinste sie mit seinem dämlichen Grinsen an. Alle wußten über uns Bescheid, er natürlich auch.

Da kommt dein Mann, sagte er zu ihr.

Nancy rührte sich nicht von der Stelle, auch nicht, als ich näher kam; sie wurde nur rot. Ich blieb außerhalb der Gruppe stehen, am Rand, fühlte mich aber, als stünde ich direkt neben ihr. Die anderen sahen uns an. Ich war stolz.

Schlee glotzte jetzt auf uns beide herab. Weißt du, was Richie mir erzählt hat? fragte er Nancy.

Nancy wußte es nicht und schwieg.

Schlee lachte brüllend und stierte blöde auf die Erhebungen unter ihrer Bluse. Richie hat mir erzählt, sagte er, du hättest, was Gott vergessen hat, mit Watte aufgefüllt. Und lachte noch dämlicher als sonst.

So ziemlich alle brauchten ein paar Sekunden, bis sie verstanden hatten. Selbst Nancy grinste über diese seltsamen Worte. Aber als dann ein Kichern die Gruppe bewölkte und ein Lachen sie verfinsterte, fiel ein Schatten auf Nancys strahlend helles Gesicht. Ich sagte überhaupt nichts, weil ich es nicht verstanden und außerdem gar nicht zugehört hatte. Ich hörte niemand, ich sah niemand außer Nancy. Aber aus Höflichkeit kicherte ich mit, einfach so – ich war so zufrieden mit der Welt, daß ich mit jedem und mit jeder Bemerkung zurechtkam. Da hatte ich noch nicht gemerkt, wie wenig komisch Nancy diese Bemerkung fand. Der Lehrer trieb uns die Treppe hoch, steckte den Schlüssel ins Schloß und ließ uns rein. An ihrem Pult hinter mir regte Nancy sich noch mehr auf. Und ich begriff noch immer nicht, was sie und alle anderen da gehört hatten.

Nach dem Klingeln lief Nancy nach draußen. Als ich sie eingeholt hatte, schob sie mich weg, stieß so fest gegen meine Schulter, daß ich beinahe das Gleichgewicht verlor. Das ärgerte mich, weil meine ganzen

Freunde zusahen und mich wie all diese anderen Anfänger auslachten, wie mich noch nie jemand ausgelacht hatte. Verwirrt, aber auch aus Selbstachtung, ließ ich Nancy daher laufen und tat so, als wäre es mir egal, wo sie hinging. Dann geh doch! schrie ich. Was anderes fiel mir nicht ein. In der nächsten Stunde gab ich mich lässig und unbekümmert, selbst dann, als ich – mit viel Überwindung – einen der Jungen fragte, was dieser Schlee denn eigentlich gesagt habe; aber auch, nachdem er die Worte wiederholt hatte und einige der Jungen noch einmal gelacht hatten, wurde mein liebeskrankes Gehirn nicht schlau daraus. Ich kapierte es beim besten Willen nicht, nicht einmal, als sie erklärten, es ginge darum, daß sie sich den BH ausgestopft habe. Warum sollte das Nancy so gegen *mich* aufbringen, was hatte das alles mit *uns* zu tun? Wenn sie wollte, daß ich diesen Schlee zur Rede stellte, weil er sie beleidigt hatte, würde ich es tun. Aber mußte sie deswegen auf mich wütend werden? Immer noch verwirrt, beschloß ich, zum Schein nun auch auf sie wütend zu sein. Nachher am Nachmittag konnte sie sowieso nicht zu mir rüberkommen, weil ihre Mutter zu Hause war. Und so blieb ich an diesem Tag beim Frühstück und Mittagessen bei den anderen Jungen, das sollte die Strafe dafür sein, daß sie mich bloßgestellt hatte, daß sie vor den anderen so ruppig zu mir gewesen war.

Auf dem Heimweg – ich ging für mich allein, ohne

die Jungen und ohne Nancy – verstand ich dann plötzlich. Begriffsstutzig wie ich nun einmal war, entfaltete sich die Wirkung meiner Erkenntnisse wie die von verdorbenem Essen: Sie dachte, ich hätte über sie geredet, sie dachte, ich hätte vor den anderen damit geprahlt, daß ich sie befummelt hatte. Schlimmer noch: Womöglich dachte sie, ich hätte gelogen und ihnen erzählt, daß ich's mit ihr getrieben hätte. Wahrscheinlich war sie überzeugt davon, ich hätte ihnen von gestern erzählt, von dem Tag, den sie so lange hinausgezögert hatte, davon, was sie schließlich mit sich hatte machen lassen.

Ich war wie betäubt und mir wurde schlecht. Dann geriet ich vor Schmerz in Panik, und das machte mich leichtsinnig. Ich mußte mit ihr reden, und zwar sofort. Mein Verstand riet mir zwar, geduldig den nächsten Tag abzuwarten – denn da bestand, was ihre Mutter anging, keine Gefahr –, aber meine Beine schoben mich aus dem Haus. Sie rannten mit mir über das Unkraut unseres Vorgartens, stampften über den üppigen, weichen Rasen ihrer Mutter und sprangen die Treppe bis vor ihre Haustür hinauf. Ich hielt den Klingelknopf gedrückt und hämmerte an die Fliegentür. Kaum hatte Nancy aufgemacht, legte ich los.

Ich habe denen nichts gesagt! schwor ich ihr. Und ich habe überhaupt nicht kapiert, was dieser blöde Schlee da gesagt hat!

Das glaube ich dir nicht, sagte sie. Es war ihr ernst

damit, aber ihre Stimme war schwach und nicht ohne Hoffnung.

Du mußt mir glauben! flehte ich.

Jetzt tauchte ihre Mutter aus dem Dunkel hinter ihr auf. So aus der Nähe sah ich erst, wie matronenhaft und streng sie war – völlig anders als meine Mom, die jung und mädchenhaft wirkte.

Was, schnappte sie, redet er da? Wenn meine Mutter sauer war, und das war sie oft auf uns, sah man das ihrem ganzen Körper an. Bei Nancys Mutter zeigte sich die Wut nur in den Augen und an den langen Pausen zwischen den Worten.

Ich sagte nichts, und Nancy sagte auch nichts.

Nancys Mom sah uns beide wütend an. Ich kann nicht glauben, was ich da anscheinend vor mir sehe, sagte sie zu Nancy auf spanisch, wieder mit diesen tödlichen Pausen zwischen den Worten. Ein stechender Blick ließ Nancy aus dem Türrahmen verschwinden, und ihre Mom trat zwischen uns.

Du, sagte sie voller Verachtung zu mir. Dann, ohne den Blick von mir abzuwenden, ohne mit der Wimper zu zucken, schrie sie Nancy an, sie solle in ihr Zimmer gehen. Laß dich, fuhr sie fort, *nie* mehr hier blicken. Und schloß die Haustür und drehte den Schlüssel um.

Das Telefon klingelte, bevor meine Mutter die Schwelle unseres Hauses überschritten hatte. Sie ging sofort ran. Eine Zeitlang gab sie nur höfliche Silben von sich, aber dann wurde sie auf einmal laut: Es ist mir egal, was Sie von mir halten, sagte sie, aber ich werde nicht zulassen, daß irgend jemand so von meinen Söhnen redet. Sie hörte noch eine Weile weiter zu, dann legte sie unsanft den Hörer auf.

Ich war in meinem Zimmer. Es war meins geworden, weil mein Bruder in der Garage schlief, die er sich als Wohnraum eingerichtet hatte – er fand, er sei zu alt, um mit mir in einem Zimmer zu schlafen. Ich erwartete, daß sie mich anbrüllte, so wie sie immer meinen Bruder angebrüllt hatte. Meine Mutter kam oft völlig kaputt von der Arbeit nach Hause, doch als sie jetzt in mein Zimmer trat, sah sie noch schlimmer aus als sonst.

Nancy hat ihrer Mutter alles über euch beide erzählt, sagte sie. Sie sagt, du darfst sie nie mehr wiedersehen.

Sogar vor meiner Mom glaubte ich die Tränen zurückhalten zu müssen, aber ein paar preßten sich doch hervor.

Tut mir leid für dich, sagte sie ohne eine Spur von Wut, mit der ich fest gerechnet hatte. Ich bin sehr müde, sagte sie, ich muß mich jetzt umziehen, und ging auf ihr Zimmer.

Aber ich dachte nicht daran, Nancy Flores aufzugeben. Ich würde sie wiederbekommen. Am nächsten Morgen hatten wir erst Klassenbesprechung, danach Sport, und ich rannte hin, so schnell ich konnte. Schlee war schon umgezogen und stand in der Nähe des Lehrers auf dem Sportplatz. Also mußte ich warten, bis ich ihn zwischen zwei Stunden abfangen konnte. Ich stieß ihn vor die Brust, um ihm die stinkige Luft aus der Lunge zu jagen, und überhäufte ihn mit Beschimpfungen. Blöde Sau, mieses Schwein, Wichser, Schwachkopf, dreckiges schwules Arschloch. Ich rempelte ihn noch einmal an und sagte, er solle seine Scheißbrille abnehmen. Als er zögerte, boxte ich ihm, so fest ich konnte, in den Magen.

Die anderen drängten sich um uns, begeistert von der Prügelei. Ich haute Schlee noch einen in den Bauch, beschimpfte ihn, verhöhnte ihn, er solle endlich die Brille abnehmen, damit ich ihn ins Gesicht schlagen könne. Jetzt verließ ihn sein dämliches Grinsen. Er holte zu einem wilden, unbeholfenen Schwinger aus, ich tauchte weg, aber er streifte mich doch noch am Kinn. Schlee war groß, größer als ich, das war nicht zu übersehen, machte mich aber nur um so entschlossener. Er hatte immer noch die Brille auf, aber ich schlug trotzdem zu und traf ihn mitten auf die Nase. Jetzt wich er vor meinen Trommelschlägen zurück und nahm die Fäuste hoch, wußte aber offenbar nichts mit ihnen anzufangen. Ich bearbeitete ihn mit Linken und Rechten auf Mund und Nase und Kinn und auf die Brille, und er wich immer weiter zurück und versuchte nur noch, sich zu verteidigen – holte noch einmal aus, traf mich aber nicht, weil ich schneller war als er. Dann beschimpfte ich ihn wieder, und die anderen schoben sich johlend mit mir vorwärts und mit ihm rückwärts.

Schlee machte eine Drehung, die ich nicht mitbekam, und sein rechtes Bein mit diesem spitzen Schuh am Ende schnellte hoch und traf mich voll zwischen die Beine. Ich stöhnte vor Schmerz, knickte ein und hielt mir die Eier. Starr und verkrümmt, wie ich war, knallte Schlee mir mühelos eine Rechte auf Nase und Auge, so fest, daß mir der Kopf hochflog und mein Körper ganz schlapp wurde. Ich krachte auf den Boden, und Schlee trat mich in den Magen und hätte gar nicht mehr aufgehört, aber dann hörten wir einen Pfiff, und endlich tauchte ein Lehrer auf.

Wir wurden beide für den Rest der Woche vom Unterricht ausgeschlossen, und weil ich zwei Veilchen im Gesicht hatte, ließ Mom mich aus Mitleid noch ein paar Tage länger zu Hause bleiben. Als ich dann wieder in die Schule kam, fühlte ich mich so gedemütigt, daß ich froh war, daß Nancy in Bio jetzt woanders saß und die anderen beiden Stunden in eine andere Klasse ging. Aber ich war fest überzeugt, sie würde früher oder später mit mir reden.

Das tat sie aber nicht, absolut nicht, und so versuchte ich es ihr heimzuzahlen und verhielt mich so, als ob mir das gar nichts ausmachte. Ich dachte sogar daran, den anderen zu erzählen, daß ich es mit ihr getrieben hätte. Aber das ließ ich sein. Ich sagte nichts, weil ich sie wirklich vermißte und weil ich ihr erklären wollte, daß ich keinem etwas von ihr und mir erzählt hatte und das auch niemals tun würde. Ich wollte, daß wir wieder wie früher zusammen wären, und weigerte mich zu glauben, daß es aus war.

Gegen Ende des Schuljahrs sah ich sie mit Trey, dem beliebtesten Jungen der neunten Klasse, gutgelaunt über den Schulhof gehen. Trey war groß und schlank und trug spitze, mit Eisen beschlagene Schuhe und ein Hemd mit großem Kragen. Sein schwarzes Haar war an den Seiten zurückgekämmt und oben kurz und gewellt, und samstags abends, wenn die älteren Jungen ausgingen, glänzte es wie Neon. Angeblich besaß er schon ein Auto. Er ging mit jüngeren Mädchen und älteren Mädchen, und alle fielen seinetwegen in Ohnmacht – er war der Held der Schule und umschwärmt wie ein Fernsehstar. Sein Ruhm eilte ihm voraus, als hätte es nie etwas anderes gegeben, als sei er von Geburt an darauf abonniert, und als man ihm sogar einen Platz im Himmel zugewiesen hatte, beherrschte er auf der Erde immer noch mehr als wir gewöhnlichen Sterblichen, so daß wir ihm hilflos den Vortritt lassen mußten.

Und Nancy hielt seine Hand. Kein Mädchen nahm ihr das übel. Kein Junge sah das ohne Verständnis, nicht einmal ich. Trotzdem, als die beiden an mir vorüberkamen, hätte ich schwören können, daß sie seine Hand ein wenig losließ, daß sie sich meinetwegen, *unseretwegen,* ein bißchen zurückhielt. Ich hätte schwören können, daß sie traurig aussah, daß sie sich nach mir zurücksehnte. Trey spürte nichts davon, daß ihr Griff sich lockerte, und wie sollte er auch. Er sah mich nicht, und falls sie ihn auf mich hingewiesen hatte, war es nicht angekommen. Ich konnte ihm nicht das Wasser reichen. Ich war ihm gleichgültig. Auch wenn er von mir gehört hatte, blieb ich ein Niemand. In seiner Welt, zu der Nancy aufgestiegen war, galt ich noch als Kind, und wenn sie mit mir in die Kindheit zurückkehren wollte, würde er sie ziehenlassen. Er war ein Mann, er war ein großer Mann. Da ich Nancy immer noch liebte, haßte ich diesen Trey, aber nur ein bißchen mehr, als ich ihn beneidete und bewunderte.

In diesem Sommer heiratete meine Mutter wieder, und wir zogen in einen anderen Teil der Stadt. Ich dachte noch immer an sie, sah etwas von ihr in jedem Mädchen, das mir gefiel, habe aber nie mehr von Nancy gehört oder mich nach ihr erkundigt.

* * *

Vier Jahre später ließ meine Mutter sich scheiden, wir zogen in eine andere Wohnung, dann heiratete sie wieder, und wieder zogen wir bei einem anderen Mann ein, diesmal in ein Neubaugebiet. Der Mann war reicher als ihr voriger, und er kaufte meiner Mutter einen neuen Mustang. Ich mußte die Schule wechseln. Ich fuhr einen altersschwachen, aber prima gepflegten 61er Impala mit Chromleisten, für dessen Anschaffung ich zwei Jahre lang in der Fabrik gearbeitet hatte – in einer Röhrenfabrik, in einer Papierfabrik, in einem Maschinensaal –, wo niemand die Möglichkeit in Erwägung zog, daß meine Behauptung, ich sei achtzehn, gelogen sein könnte. Ich arbeitete immer drei Monate in der Spätschicht und machte dann zwei bis drei Monate Pause. Das schien mir besser, als in einem Lebensmittelladen oder einer Imbißbude zu jobben, wie es meine ehrlichen Altersgenossen taten.

Meine Noten auf der High School waren immer befriedigend gewesen – meist Dreien, ein paar Vieren, ab und zu eine Zwei. Aber auf dieser neuen Schule hielt man mich deswegen für schlecht und steckte mich in die Klassen für die Leistungsschwachen und die faulen Säcke. Mir war das vollkommen gleichgültig. Ich dachte nicht daran, von der Schule abzugehen, weil ich noch nicht zur Army wollte. Mein Bruder hatte das schon hinter sich, war gerade aus dem Dschungel zurückgekehrt und kam, wie auch schon früher, als ich noch kleiner war, nur selten nach Hause und dann nur zum Schlafen – kam betrunken und high hereingetorkelt, jetzt allerdings nicht mehr heimlich, sondern ganz offen, und hatte für das, was die anderen dachten oder sagten, nur noch Spott übrig. Der neue Mann meiner Mutter mochte meinen Bruder und seine Einstellung nicht, ihr aber tat er leid, sie hatte sogar, wie ich sie einmal sagen hörte, Schuldgefühle seinetwegen und weigerte sich daher, ihn aus dem Haus zu werfen. Ich beschloß, mich möglichst von ihm fernzuhalten. Ich wollte nicht so enden. An den Wochenenden ging ich mit einem Mädchen aus, das ich in unserer früheren Wohngegend kennengelernt hatte, und um meine Selbständigkeit zu wahren, hielt ich weiter mein Geld zusammen. Ich hatte einen anderen Job gefunden – Nachtschicht im Verwaltungsgebäude einer großen Ölgesellschaft, wo ich Mülleimer leerte und Aschenbecher saubermachte – und verdiente, wie ich fand, gutes Geld. Ich schlief im Unterricht, nach der Schule und sonntags nachmittags, bis ich zur Arbeit mußte.

Meine neuen Mitschüler waren ganz anders als die auf den früheren Schulen. Ihre Kleidung schien direkt von den Regalen und Ständern des neuen Einkaufszentrums zu stammen. An den ersten Tagen versuchte ich herauszufinden, mit wem ich später Ärger kriegen könnte, aber es gab keinen, mit dem ich notfalls nicht fertig geworden wäre. Ich sah auch keine Mädchen, die mir gefallen hätten – das waren alles Cheerleader-Typen, und mit solchen Mädchen hatte ich es noch nie gehabt. Außerdem war ich immer noch der Meinung, daß die Schönsten und Schärfsten auf meiner früheren High School waren, und kurvte daher meist dort in der Gegend herum. Ich hielt mich für einen Experten in diesen Dingen und war mir meiner Sache so sicher, daß ich gar nicht das Bedürfnis hatte, Beweise dafür zu sammeln.

Daran lag es wohl, daß ich in einem Fach, der sogenannten Gesundheitskunde, zum Außenseiter wurde. Der Lehrer gab sich kumpelhaft – wir könnten über alles reden, sagte er den Schülern, aber das nahm ich ihm nicht ab – und stellte Fragen über Sex, die von den Schülern dieser Schule als gewagt empfunden wurden. Er stellte seine Fragen, die Schüler sollten die Hand heben, aber sie kicherten und wurden rot. Ich hob, wie auch schon früher, nie die Hand zum Antworten, und einmal fragte mich der Lehrer vor versammelter Klasse nach dem Grund. Ich sagte nichts, brachte weder Erklärungen noch Ausreden vor, und das schien die Aufmerksamkeit der anderen Schüler noch stärker auf mich zu lenken, gab mir noch mehr das Gefühl, am falschen Platz zu sein, und veranlaßte den Lehrer, sich mir gegenüber noch feindseliger zu verhalten. Das gefiel mir zwar nicht besonders, doch empfand ich es nicht als Bedrohung. Was konnte er mir schon anhaben? Ich tat ja nichts Unrechtes. Im Jahr davor hatte es mich nicht gestört, gemeinsam mit Mädchen in eine Klasse zu gehen, aber auf dieser Schule störte mich alles. Andererseits wollte ich auf keinen Fall den Weg meines Bruders gehen – ich hatte mir vorgenommen, bis zum Examen durchzuhalten, ob es mir gefiel oder nicht. Am meisten vermißte ich die alte Wohngegend, meine Freunde, die abendlichen Streifzüge, die Mädchen dort, die immer noch die besten waren.

Della, die neben mir saß, beachtete ich kaum. Sie

war viel zu dünn und trug die Haare hochtoupiert, als sei sie eine *Pachuca,* nur daß sie schmutzig blond war. Sie trug kurze schwarze Kleider und pinselte sich mit himmelblauem Lidschatten breite Balken zwischen die schwarzgefärbten Brauen und die dicken Eyelinerstriche über ihren Wimpern. Dauernd kaute sie auf einem Kaugummi herum und wippte nervös mit einem Bein, das sie über das andere gelegt hatte, so daß man ihre Nylonstrümpfe knistern hörte. In dieser Klasse saßen wir nicht an Pulten, sondern an großen Tischen, und oft zappelte sie so heftig, daß sie mich trat. Schließlich bildete ich mir ein, daß sie das absichtlich machte.

Della stand auf Amphetamine und Halluzinogene. Damals wußte ich noch nicht, was diese Worte bedeuteten. Speed, flüsterte sie mir zu, und Acid. Diese Worte kannte ich. Auf Partys nahm ich auch manchmal was zum Aufputschen, aber niemals dieses chemische Zeug, von dem ich glaubte, daß es einen nicht nur verrückt, sondern auch impotent mache. Ich sagte ihr, ich könnte Gras besorgen und Beruhigungspillen. So was brauche sie nicht, antwortete sie, aber sie werde es sich merken. Ihr Stuhl rutschte näher an meinen heran, und meine Hand begann tatendurstig unterm Tisch herumzutasten. Ich berührte sie, sie ließ mich gewähren. Und so fand ich endlich Gefallen an diesem Fach, und wenn der Lehrer Filme zeigte, waren Della und ich die Hauptattraktion – alle wußten, was sich da abspielte. Der Lehrer, der uns schließlich auseinandersetzen mußte, konnte uns beide nicht leiden.

Ich wollte aber nicht mit ihr gehen. An den Wochenenden traf ich mich mit meiner Freundin, und auch als wir Schluß gemacht hatten, trieb es mich immer wieder in die alte Gegend. Della war mir nicht gut genug. Trotzdem bin ich einmal, nach der Schule und vor der Arbeit, zu ihr nach Hause gegangen und habe es mit ihr getrieben. Einfach weil die Gelegenheit da war. Hinterher habe ich mich geschämt. Ich war doch kein Hund, der auf jede läufige Hündin sprang. Ich hatte eine Menge Mädchen verschmäht. Ich sah mich noch immer als den Jungen, der mit Nancy Flores gegangen war. Für mich war nur das Beste gut genug.

Aber Della ließ jetzt nicht locker und stellte mir regelrecht nach. Sie rief bei uns zu Hause an, hinterließ bei meiner Mom oder meinem Stiefvater Nachrichten für mich, frühmorgens, wenn die beiden gerade erst aufstanden, oder spätabends, wenn sie schon schliefen und ich arbeiten war. Eines Tages bestand sie darauf, daß ich sie nach Hause begleiten sollte, und machte mir eine entsetzliche Szene. Der einzige, mit dem ich in der Mittagspause manchmal zusammensaß, war ein Schwarzer, der ebenfalls neu auf der Schule war und dort auch keine Freunde hatte, also hätte ich mich nicht unter Druck setzen lassen müssen. Ich fühlte mich aber unter Druck gesetzt. Und versprach ihr deshalb, sie an diesem Tag tatsächlich nach Hause zu bringen, dann könnten wir alles besprechen. Ich wollte ihr was von einer neuen Freundin vorlügen, ihr sagen, wie gern ich sie hätte, aber aber aber, und nichts für ungut.

Sie wohnte in einem schäbigen Siedlungshaus, das längst nicht mehr neu wirkte – die Klinker am Erdgeschoß fielen bereits ab, und die Einfahrt hatte nicht nur einige tiefe Löcher, sondern war auch von einer dicken Schicht aus Auto- und Motorradöl verdreckt. Im Wohnzimmer lagen und standen Bierdosen und volle Aschenbecher durcheinander, dazwischen Teller mit vertrockneten Steakknochen. Als ich das erstemal bei ihr gewesen war, hatte sie sich mit mir auf ihr Zimmer verkrümelt, auf ihr Bett, obwohl auch da niemand sonst zu Hause gewesen war. Diesmal sagte ich ihr, daß ich das nicht wollte, ich hätte Angst, wir könnten erwischt werden, wir sollten einfach nur reden. Aber sie hatte anderes als reden im Sinn und fing an, auf der Couch an mir herumzufummeln. Ich wehrte sie nicht so entschieden ab, wie ich mir vorgenommen hatte.

Dann sah sie vor dem Haus einen alten, grau grundierten Plymouth halten. Die verchromten rostigen Radkappen ließen darauf schließen, daß der Wagen früher einmal besser gepflegt worden war, jetzt aber nicht einmal mehr gewaschen wurde.

Das ist mein Freund! schrie Della, sprang auf und warf sich ihre Sachen über. Ich spähte über den Rand der Couch, um festzustellen, wie groß der Kerl war, und als er aus dem Wagen stieg, war ich auf meinem Beobachtungsposten. Inzwischen hatte Della ihn auf dem Bürgersteig abgefangen, noch ehe er den ersten Schritt über den Rasen auf die Haustür zu machen konnte. Während sie auf ihn einredete, stellte ich meine Augen scharf und blinzelte ungläubig durch die schmutzige Scheibe des großen Wohnzimmerfensters. Der Typ sah genau aus wie der famose Trey, nur dünner als früher, weniger kräftig und kleiner.

Ich erhob mich, ging zur Eingangstür, machte sie auf und schritt großspurig auf die beiden zu. Ich war stolz auf mich, und zwar nicht nur, weil ich es tun wollte, sondern vor allem, weil ich tatsächlich den Mut dazu hatte. Schließlich stand ich so nah vor ihm, daß kein Zweifel mehr blieb: Er war es.

Wie es aussah, hatte er sich seit damals keine neuen Sachen mehr gekauft. Er war tatsächlich kleiner als ich. Das schwarze Haar trug er immer noch wie früher, aber wie auch alles andere an ihm war es irgendwie stumpf und glanzlos geworden, schlaff und gewöhnlich. Oder noch weniger als das. Natürlich kannte er mich nicht, konnte sich nicht an mich erinnern – dazu gab es auch gar keinen Grund. Auch jetzt und hier, auch diesmal schien er mich nicht wahrnehmen zu wollen und den Gedanken, ich könnte von irgendeinem Belang sein, weit von sich zu weisen. Er musterte mich aus dem Augenwinkel, sah wütend nach dem Haus und dann zu meinem Auto hinüber. Er war stinksauer, wollte sich aber weder mit mir anlegen noch überhaupt mit mir reden.

Ich muß jetzt zur Arbeit, sagte ich zu den beiden und stiefelte zu meinem Wagen.

Della zögerte einige Sekunden, und dann, als ich die Wagentür zugezogen hatte, kam sie. Ich ließ schon den Motor an, aber sie hielt sich am Fensterrahmen fest.

He, sagte sie einschmeichelnd, ich will mit diesem Wichser nichts mehr zu tun haben. Weiß bloß nicht, wie ich ihn loswerden soll. Ich will *dich*.

Ich war wie betäubt, narkotisiert von diesem Glückstreffer. Ich war high, ich war besoffen. Ich war wach, ich träumte.

Da meine Natur befriedigt war, hatte selbst sie jedes Interesse an Della verloren. Andererseits war ich Della unaussprechlich dankbar dafür, daß sie seine Freundin war, daß er mit ihr ging. Ich fühlte mich gut. Groß. Ich fühlte mich stark an Geist und Körper, genau wie der Mann, der zu sein ich mir immer eingebildet hatte, wie der, den Nancy Flores verpaßt hatte, als sie sich für diesen Penner entschied, und auch wie der, für den sie mich hatte sitzenlassen.

Bleib bei ihm, sagte ich zu Della. Wie ich dir schon gesagt habe, ich mag dich nicht besonders. Er ist genau der Richtige für dich.

* * *

Nach der High School zog ich von zu Hause aus und nahm mir mit einem alten Freund zusammen eine Wohnung. Er ging dauernd auf Partys, und am Anfang ging ich mit, hatte mich aber auch am Junior College angemeldet. Das Lernen gefiel mir mehr, als ich irgendwem gegenüber zugeben wollte. Mir war das peinlich, es überraschte mich selbst nicht weniger, als es jeden anderen überrascht hätte. Neue Fächer waren für mich wie neue Mädchen, und es gab nichts, was ich nicht lernen wollte. Keiner von meinen älteren Freunden ging noch zur Schule – ein paar versuchten es, aber die meisten landeten bei der Army oder heirateten und kassierten wöchentlich ihren Lohn. Ich hatte vor, auf ein richtiges College zu wechseln. Ich war stolz auf mich und bekundete meinen Stolz, indem ich an der Heckscheibe meines 61er Impala – den ich immer noch sorgfältig pflegte – einen College-Aufkleber anbrachte und außerdem die Parkscheine für jedes einzelne Semester sauber auf die Stoßstange klebte, womit bewiesen war, daß ich das Studium nicht nur vortäuschte wie die anderen, die bloß einen Aufkleber hatten.

Ich arbeitete sechs Tage in der Woche im Lager eines Kaufhauses. Das brachte mir zwar weniger ein als der Hausmeisterjob bei der Ölgesellschaft, war aber besser, weil sich die Arbeitszeit nicht mit dem Stundenplan des College überschnitt. In der Woche arbeitete ich zweimal tagsüber, zweimal nachts, dazu samstags und sonntags – und sonntags gab's doppelten Lohn. Ich konnte meine Rechnungen bezahlen und mir Bücher kaufen. Rudy, mein Boß, war ein älterer Mann mit viel Grau im Bart. Er hatte neun Kinder. Ein vergnügter Mensch, obwohl er von morgens bis abends arbeiten mußte. Stets auf dem Posten und schnell bei der Hand, wann immer ein Abteilungsleiter etwas von ihm haben wollte. Zu schnell, wie manche meinten. Er liebte die Arbeit, und er liebte es, den Boß zu spielen. Ich arbeitete trotzdem gern für ihn, und das brachte mir sein Vertrauen ein.

Als wir uns eines Morgens vor dem Lastenaufzug die blauen Kittel überzogen und gerade anfangen wollten, die mit Kleidern und Schachteln beladenen Alubehälter zu ihren jeweiligen Abteilungen zu verfrachten – der Laden machte erst in drei Stunden auf, und in jeder Abteilung waren Angestellte und Leiter damit beschäftigt, Regale und Ständer aufzufüllen –, kam Rudy zu mir rüber und sagte, wir hätten einen Neuen, mit dem solle ich zusammenarbeiten. Klar, sagte ich, nichts dagegen.

Der neue Lagerarbeiter war Trey. Er sah noch schlimmer aus als beim letztenmal. Dicke rote Pickel auf Gesicht und Hals, ansonsten blaß und dürr. Seine schmutzigen Klamotten waren abgetragen und ausgewaschen. Sein Haar, dessen einst heldenhafter Glanz zu einer fettigen Schmiere verkommen war, hing schlapp und müde von seinem Skalp und trauerte der vergangenen Herrlichkeit nach.

Weiß auch nicht, wo die solche Typen aufgabeln, vertraute Rudy mir kopfschüttelnd an.

Trey konnte sich nicht an mich erinnern. Keine seiner grauen Zellen hatte mich jemals registriert. Ich konnte ihn immer noch nicht offen ansehen. So viele Wörter und Sätze hatten sich in mir aufgestaut, ich hätte platzen können. Was ich dem Kerl alles an den Kopf werfen wollte! Aber da war noch ein anderer heftiger Drang, und daran hielt ich mich und wehrte so den Gefühlssturm ab: War das nicht ein wunderbares Geschenk, war er – der meistgehaßte und beneidete Held der Mythologie meiner Kindheit –, war er mir nicht wiedergegeben? So lebendig er stets in mir war, ich war ihm nie gewachsen gewesen. Jetzt benutzte ich ihn, um mich in Tugend und Zurückhaltung zu üben. Wenn ich mit ihm arbeiten mußte, brauchte ich kein Wort mit ihm zu reden. Ich würde nicht austeilen, sondern empfangen.

Er redete auch nicht viel. Er arbeitete geistesabwesend.

Ich habe diesen Job wirklich gebraucht, meinte er schließlich.

Dazu sagte ich gar nichts. Ich erklärte ihm nur, welche Karren er wohin schieben sollte. Einen besonders schweren schoben und entluden wir zusammen.

Kein schlechter Job, wie? fragte er.

Ich sagte, das fände ich auch. Für mich jedenfalls.

Was anderes konnte ich nicht finden, sagte er. Habe mich überall beworben.

Eine Weile lang sprachen wir kaum etwas, aber das war frühmorgens immer so. Man erwartete vollen Einsatz von uns, bevor der Laden für die Kunden geöffnet wurde.

Rudy zog ihn von mir weg, er hatte eine andere Aufgabe für ihn.

Was hältst du von ihm? fragte mich Rudy, als er zurückkam. Es war klar, was er dachte.

Weiß noch nicht, habe ja gerade erst mit ihm angefangen.

Ich mag ihn nicht, erklärte Rudy ziemlich laut. Den muß ich im Auge behalten. Er ist kein Student wie du und die anderen. Irgendwas stört mich an dem Burschen. Meinst du, er ist in Ordnung?

Wie kann ich das wissen? sagte ich. Sie sind der Boß.

Dann sag mir später, was du von ihm hältst, meinte Rudy.

In der Pause entdeckte Trey mich auf der Laderampe und setzte sich zu mir.

Bist du verheiratet? fragte er.

Nein. Du?

Ja. Ein Kind, und meine Alte ist schon wieder schwanger.

Ich schüttelte den Kopf. Ich dachte nach.

Hast du Bilder dabei? fragte ich. Von deinem Kind?

Sicher. Er zückte seine Brieftasche und klappte sie auf. Ein Mädchen, sagte er.

Ich nahm die Brieftasche und sah mir das Bild genauer an. Niedlich, sagte ich. Dann blätterte ich um und sah mir die anderen Bilder an.

Das ist meine Alte, sagte er.

Weder Della noch Nancy. Ich gab ihm die Brieftasche zurück.

Nach der Pause machte der Laden auf. Wir arbeiteten wieder zusammen.

Ich hasse diese Arbeit, sagte er. Ich kann solche Scheißjobs nicht ausstehen.

Ich dachte, du hast es so gewollt.

Von wegen, das habe ich nicht gewollt. An solchen Scheißjobs liegt mir nichts.

Danach sprachen wir eine Zeitlang nur noch wenig.

Soll ich vielleicht zur Schule gehen? Wie du?

Frag mich nicht, sagte ich.

Oder zu den Marines? fragte er.

Das weiß ich doch nicht.

Er schwieg ein Weilchen, verstimmt.

He, ich hatte mal eine mexikanische Freundin, sagte er plötzlich. Er sah mich kleinlaut an. Eine Chicano, sagte er. Oder so was. Du weißt schon.

Solche Gespräche waren mir zuwider, aber neugierig war ich schon.

Nancy, sagte er.

Er unterbrach sich kurz. Und sagte dann: Meine Großmutter ist Mexikanerin. Hast du das gewußt?

Ich verkniff mir eine sarkastische Bemerkung und schüttelte den Kopf.

Nancy. Er kniff die Augen zu, suchte in seinem Gedächtnis. Nancy Flores, das war's.

Ja, das war die Gelegenheit für mich. Ich brauchte nur weiterzumachen, naiv weiterzufragen, und würde alles erfahren, was ich wissen wollte. Ich konnte meinen Neid und meine Eifersucht ergründen, meine Liebe sich messen lassen an meinem Haß. Ich konnte einfach die Wahrheit erfahren. Vielleicht erfuhr ich sogar noch mehr, eine ganz neue Geschichte. Wohin sie gegangen war, wo sie jetzt lebte. Falls mir nicht gefiel, was ich zu hören bekäme, falls es schlechte Neuigkeiten wären und ich mich zu sehr darüber ärgern sollte, konnte ich es ihm immer noch heimzahlen und ihm erzählen, daß ich damals was mit Della gehabt hatte.

Aber ich ließ es einfach so laufen, ohne Störung. Das erforderte schier unmenschliche Kraft und Willensstärke, aber ich strengte mich an.

Blumen, richtig?

Wie bitte? fragte ich.

Blumen war ihr Name. Flores heißt doch Blumen, oder?

Doch, das stimmt, sagte ich.

Bebend, mit jagendem Puls, hatte ich sie hochgestemmt, und als ich die Hantel fallen ließ, explodierte der Staub im Lagerraum – tanzte wie Blütenstaub aus Glassplittern –, stieg vom Betonboden des Lagers in den Nebel der Kartons hinauf, und als ich keuchend um Atem rang, war es mir, als sögen meine Lungen den

Himmel ein. Ich hatte Frieden gefunden: Woran er sich erinnerte, war so *dumm. Ich* war in Nancy Flores verliebt gewesen, und *ich* war derjenige, der sie nie vergessen würde.

Keine Stunde später kam Rudy wieder zu Trey. He, sagte er wie ein Boß, es gibt Arbeit für dich.

Als ich in der Mittagspause mit einem Halbtagsarbeiter auf der Laderampe saß, kam Rudy zu uns.

Er ist weg, sagte er. Ein Kind hat in den Laden gekotzt, und er wollte das nicht aufwischen. Ich habe ihm gesagt, er muß, das gehört zu seinem Job. Aber er wollte nicht, also ist er weg.

Ich hätte das auch nicht aufgewischt. Niemals, weder heute noch morgen. Rudy wußte das. Es gab einige im Lager, die das nicht tun würden. Rudy wußte, welche das waren. Normalerweise übernahm er solche Arbeiten selbst.

Er hat mir überhaupt nicht gefallen, sagte Rudy. Was meinst du, fragte er mich. Meinst du, ich war zu voreilig?

Keine Ahnung, sagte ich. Sie sind der Boß. Ich habe ihn ja kaum kennengelernt.

Tja. Aber ich, ich weiß genug. Aus dem kann einfach nichts werden.

Ich hab mit dem schönsten Mädchen getanzt
(Tex-Mex-Song)

Die beste Musik gibt es in Austin, und dorthin waren wir unterwegs. Lee Roy und ich hielten uns beide für passable Gitarrenspieler, dabei war Lee Roy mit Sicherheit besser als ich und hatte, groß und breit von Statur, eine Stimme irgendwo zwischen Hoyt Axton und Tom Waits, weshalb ich ihn gern meine Songs singen ließ. Meine Kompositionen waren besser als seine, aber Lee Roy hatte echte Starqualitäten, und ich kannte meine Grenzen. Die Bekanntschaft mit ihm nutzte meinem Erfolg im Musikgeschäft ebenso wie früher unserer Arbeit am Bau – gearbeitet hatte ich auch so, aber in seiner Gesellschaft schien mein Einkommen stets gesichert.

Kennengelernt hatte ich ihn auf der Baustelle eines *Motel 6* in Tucson, wo es außer viel Arbeit auch viel Sonne gab. Als ich ihn das erstemal sah, schleppte er Deckenbalken, packte vier Stück von diesen Zwei-mal-sechs-Zoll-Hölzern, nahm sie quer vor die Brust, rannte damit los und gleich wieder zurück, um die nächsten zu holen. Er lief auf Dächern herum wie andere Leute auf Bürgersteigen. Ich, vornübergebeugt und schwitzend, hämmerte den ganzen Tag Sechzehn-Penny-Nägel ins Holz und hörte dem Polier zu, der herumschrie, wir wären alle nicht schnell genug. Derweil knallte dieses Monstrum ganz für sich allein seine Balken hin und bockte sie auf und hieb sie zurecht und sang dabei noch, als wollte er uns damit zu verstehen geben, was für kleine Fische das für ihn waren. Er hatte den gleichen Musikgeschmack wie der Polier, besonders wenn es um Conway Twitty und George Jones ging. Einmal schrie er: »Warum wird Hank Snow nicht mehr im Radio gespielt?« Und um zu zeigen, wie sehr ihm das mißfiel, trieb er jeden Nagel mit nur einem einzigen Schlag ins Holz. Die ersten Worte wechselten wir, als er uns half, die lange, doppelt beschlagene Trennwand aufzurichten. »Die sollten noch ein paar mehr von euch Mexikanern einstellen«, sagte er, »die euch oder mir dabei helfen, aber mir soll's egal sein.« Manchmal sage ich etwas, ohne darüber nachzudenken, wie das Ganze enden könnte. Ich sagte: »Die sollten noch so einen dicken, häßlichen Weißen einstellen und singende Kühe züchten.«

Wir wurden Freunde, und wenig später machten wir gemeinsam Musik. Mit Musik kannte ich mich aus, schon als kleiner Junge hatte ich von einem Nachbarn Kontrabaß spielen gelernt und in seiner Mariachi-Band gesungen. Liebesballaden waren meine Stärke. Aber ich wurde nur ausgebeutet, denn mir, dem süßen Kleinen, der Zugnummer in diesem mexikanischen Restaurant, wurde der gerechte Anteil vorenthalten. Aus Rache ließ ich mit zwölf die ganze Sache sein und hörte nur noch Rock 'n' Roll, was ich sowieso besser fand. Das alles geschah etwa zu der Zeit, als meine Mutter die Warterei auf meinen alten Herrn endlich satt hatte und noch einmal heiratete und wir in eine bessere Gegend zogen. In dieser Zeit kristallisierten sich meine Lieblingsmusiker heraus: Ritchie Valens, Buddy Holly, der frühe Elvis und Jerry Lee, Bobby Blue Band und Jerry Jeff Walker. Lee Roy war ebenfalls früh zur Musik gekommen. Sein alter Herr spielte in diversen Bands und hätte vielleicht Karriere gemacht, wäre er nicht Alkoholiker gewesen und wegen Geldfälscherei ins Gefängnis gewandert. Lee Roy erzählt noch heute davon, wie er damals durch die Städte zog und mit falschen Zwanzigern Langspielplatten kaufte, während sein Daddy im Wagen auf ihn wartete. Er mag alle Musiker aus dem armen weißen Süden.

In El Paso machten wir halt, weil ich gerade am Steuer saß und von der Interstate auf den Parkplatz einer Bar abbog und die Schlüssel nicht hergeben wollte. Lee Roy drängte darauf, daß wir nur ein Bier trinken und ein oder zwei Sechserpacks mitnehmen sollten, falls ich das denn für absolut notwendig hielt; dabei war es natürlich genau umgekehrt. Aber er wollte bis Einbruch der Dunkelheit weiterfahren, damit wir es am nächsten Tag bis Austin schafften.

»Ich bin hier geboren, hier haben sich meine Eltern kennengelernt«, erklärte ich. Ich wollte mich ein wenig umsehen.

Lee Roy interessierten meine Gefühle nicht. »Ein

Bier«, sagte er. »Und außerdem, hast du mir nicht erzählt, dein Alter hat deine Mutter sitzenlassen, bevor er überhaupt wußte, daß du unterwegs warst?« Er dachte, er hätte mich voll erwischt.

»Er wollte ja zurückkommen. Aber er mußte wie ein Cowboy immer hinter der Arbeit herreisen.«

Das fand Lee Roy ziemlich komisch.

Im *Bullring* war gerade Happy Hour; die Bar war modern eingerichtet und mit einem Großbildschirm-Fernseher ausgestattet. Obwohl Texas gegen Oklahoma spielte, waren nur wenige Leute da, und die machten keinen allzu begeisterten Eindruck. Mit Lee Roy und mir wurde das anders. Es war, als hätten wir die Schwingtür aufgetreten. Wir hockten uns an die Theke, der Barkeeper fragte, was die Herren wünschten, und Lee Roy machte sich über die Erdnüsse her.

»Was für Musik gibt's denn hier heute abend?« fragte ich den Barkeeper.

»Progressive Countrymusic, so zwischen Charlie Daniels und Heart.«

Lee Roy und ich lachten und bestellten noch zwei Bier.

»Und was macht ihr so?«

»Lee Roy singt. Ansonsten spielen wir mit Hammer und Nagel.«

Wir tranken weiter zwei zum Preis von einem und blieben auch, als das Spiel zu Ende war und die Abendgäste eintrudelten. Wir lernten die Bandmitglieder kennen und fühlten uns bald wie Stammkunden. Man gab uns Getränke aus, was Lee Roy zu einer typischen Idiotennummer animierte, aber daran störte sich niemand. Er stellte sich auf die Bühne, aber ich blieb an der Theke, dachte an El Paso und versuchte ein paar Strophen zu einer Melodie zu finden, die mir durch den Kopf gegangen war. Dann gab ich es auf, die Band spielte sich warm, und ich verliebte mich in das schönste Mädchen, das ich je gesehen hatte. Sie kam zusammen mit einer anderen, die man aber im Vergleich mit ihr nur als durchschnittlich bezeichnen konnte.

»Paß auf«, versuchte ich zu Lee Roy durchzudringen, »die andere ist genau richtig für dich, und ich hab mich verliebt. Reiß dich zusammen, wir müssen die beiden als Team bearbeiten.«

Hoffnungslos. Er war zu sehr mit seinem Rausch beschäftigt, und ich mußte die Sache allein in Angriff nehmen.

»Äh, Verzeihung, aber ich muß dich einfach kennenlernen. Darf ich mich setzen? Ob du es glaubst oder nicht, ich bin mit so was ziemlich ungeschickt, aber so eine Schönheit wie dich hab ich noch nie gesehen. Ehrlich. Du bist die schönste Frau, die meine armen Augen je erblickt haben. Aber das weißt du bestimmt schon, oder? Wahrscheinlich liegen dir die Männer reihenweise zu Füßen, wahrscheinlich hast du dir eine Geheimnummer geben lassen müssen. Darf ich euch beide zu einem Drink einladen? Ich bin hier auf der Durchreise. Ich und dieser dicke besoffene Weiße da hinten. Wir sind auf dem Weg nach Austin. Wir sind Musiker. Gitarre. Was gibt's sonst noch? Ich stamme hier aus El Paso. Meine Eltern sind aus El Paso. Na ja, mehr oder weniger jedenfalls. Eigentlich nur meine Mutter. Bei meinem Vater bin ich mir ehrlich gesagt nicht so sicher. Jedenfalls haben wir deswegen hier Halt gemacht. Möchtest du mit mir tanzen?«

Haben Sie jemals mit dem schönsten Mädchen getanzt? Ich sage Ihnen, da bewegen sich die Füße anders, und die Welt ist nicht mehr die alte. Da wiegt man sich mit der Erde, das animalische Herz pumpt junges Blut, und die müden Augen sprühen Funken. Man fühlt sich ganz wie ein Mann.

Sie hieß Alma und war siebzehn Jahre alt. Sie hätte sich ohne weiteres für volljährig ausgeben können, ging aber sicherheitshalber mit ihrer Schwester Luisa aus, die unter der bezaubernden Erscheinung ihrer jüngeren Schwester viel mehr leiden mußte, als sie eigentlich verdient hatte. Ich war überzeugt davon, daß die Sache laufen würde, daß Alma genauso verliebt in mich war wie ich in sie und daß Lee Roy, ohne es zu wollen, Luisa, die eine eigene Wohnung hatte, gefallen würde.

»Lee Roy«, bekniete ich ihn an der Theke, »ihre Schwester ist doch sehr hübsch. Hast du denn keine Augen im Kopf, Mann?«

»Du nimmst die Schöne, und ich lenke die andere für dich ab. Du hältst mich wohl für 'nen blöden Mexikaner, oder was?«

Lee Roy bestellte sich noch ein Bier. Wir beide kannten uns inzwischen schon eine ganze Weile, und genaugenommen beruhte unsere Freundschaft zum großen Teil auf einer Art Waffenruhe: Er durfte mir nicht mit rassistischen Bemerkungen kommen. Auf so etwas reagiere ich aus einleuchtenden und weniger einleuchtenden Gründen empfindlich und reizbar, und ich habe ihm klargemacht, daß ich da keinen Spaß verstehe. Das Wort »Mexikaner« nimmt er in meiner Gegenwart nur sehr selten in den Mund. Wie jeder andere nette Mensch läßt er gerne rassistische Andeutungen und Beleidigungen fallen und hat große Schwierigkeiten, von nicht-weißen Leuten zu sprechen, ohne ihnen diesen oder jenen Namen beizulegen. Einmal saßen wir im Auto, und ein paar Schwarze ließen sich für Lee Roys Geschmack – er war natürlich mal wieder betrunken – ein wenig zu viel Zeit beim Überqueren der Straße, da hat er gleich was von Niggern gebrüllt. Worauf ich ihm sagte, falls jetzt was passieren würde, wisse er ja, auf wessen Seite ich stünde, für so einen Mist würde ich nicht meinen Kopf hinhalten. Ich weiß noch, wie sehr ihn das beeindruckt hat und wie froh ich darüber war. Trotzdem, in Gesellschaft von Musikern und mit ein paar Schnäpsen und Bierchen im Bauch bezeichnete er mich manchmal als seinen kleinen mexikanischen

Songschreiber und Partner. Das war nicht böse gemeint, und ich versuchte es so zu akzeptieren, wie er es tat, wenn ich von ihm als einem Weißen sprach.

»Bist du so besoffen? Sei doch froh, du hast eine Chance, bei der großen Schwester zu landen. Sieh sie dir doch nur mal für eine Sekunde an. Wenn Alma nicht da wäre, würdest du dir die Beine für sie ausreißen. Und es ist das reinste Wunder, daß Alma mich nicht ganz unsympathisch findet. Ich fürchte, wenn sie aufhört zu trinken, wird sie mich stehenlassen.«

»Vielleicht nächstes Mal, Kleiner. Ich habe noch nicht alle Karten gesehen, also laß mich erst mal.«

Ich sollte dazu sagen, so klein bin ich gar nicht. Lee Roy ist zwar größer als ich, über eins neunzig, aber das ist noch lange nicht groß genug, um so die Klappe aufzureißen. Ich war sauer, aber den Abend wollte ich mir trotzdem nicht von ihm verderben lassen.

* * *

Jeder weiß, daß Schlägereien nie nur eine Ursache haben, nicht einmal zwischen Fremden. Die Schlägerei liegt schon in der Luft, wartet nur, lauert nur auf irgend etwas, damit sie losbrechen kann. Man merkt immer sofort, wenn jemand in einer Kneipe darauf aus ist. Jedenfalls war da so einer, der Lee Roy immerzu anstarrte, und Lee Roy, der sich auch sonst wohl kaum für ihn interessiert hätte, war zu betrunken, um auf ihn zu achten. Der Mann war ein langer, drahtiger Chicano mit großer Reichweite, hart und kräftig, eine Type wie Alexis Arguello. Es gefiel ihm nicht, daß Lee Roy *Coors* trank, und das sagte er dann auch. Keine Frage, er hätte notfalls auch was anderes gefunden, was ihm nicht gefiel. Der Kerl war ziemlich geladen, wollte das aber nicht einfach an *irgendwem* auslassen, sondern wollte erst provoziert werden. Auch er trank Bier, aber nur, um seinen Schnaps runterzuspülen, ob Whiskey oder Tequila, konnte ich nicht genau erkennen.

Bei mir lief es unterdessen bestens. Alma und ich tanzten und unterhielten uns, und sie schien sich nicht nur nicht zu langweilen, sondern wirkte geradezu interessiert. Nur Luisa wollte gehen. Ich wußte nicht, was ich machen sollte. Es gab gewisse Takt- und Stilfragen, die zu berücksichtigen waren, gewisse Komplikationen, die Almas Jugend mit sich brachte. Der simple Spruch »Setzen wir uns von deiner Schwester ab« würde nichts bringen. Das Spiel mußte nach den alten Konventionen gespielt werden, und das hieß, ich mußte Lee Roy überreden, er mußte mitmachen und die große Schwester beschäftigen.

»Komm doch bitte«, bat ich ihn. »Nur mir zuliebe. Für mich geht hier ein Traum in Erfüllung. Nicht zu fassen, daß ich sie kennengelernt habe und sie mit mir gehen will. Und ich schwöre bei Gott, Luisa mag dich, so abscheulich du dich auch aufführst.«

Lee Roy trank eine Dose aus und bat die Kellnerin,

ihm noch eine zu bringen. Er hatte zwei Runden Billard zu fünf Dollar das Spiel gewonnen. »Nix da«, sagte er, einen Winkel studierend. »Und jetzt schon gar nicht.«

Ich senkte den Kopf und biß die Zähne zusammen. Das hätte mich nicht überraschen dürfen, tat es aber doch.

Gerade als ich an meinen Tisch zurückgehen wollte, kam die Kellnerin mit dem Bier.

»Dígale a su amigo que no compramos *Coors* aquí«, sagte dieser Chicano zu mir, »daß die Leute hier kein Rassistenbier trinken.«

Ich beschloß, noch eine Minute zu bleiben. »Sag's ihm doch selbst, Mann. Der versteht das.«

Lee Roy blickte auf. »Ist mir scheißegal, was Mexikaner trinken oder nicht trinken. Von mir aus können sie Pisse saufen.«

Die anderen im Raum verzogen sich an die Wände, machten Platz. Nur die Freunde des Chicano bauten sich neben ihm auf.

Lee Roy hatte einen Billardstock in der Hand und drehte lässig das schwere Ende nach oben. »Könnte sein, daß ich ein bißchen Hilfe brauche, Partner«, sagte er zu mir. »Der Junge hier schafft das wohl nicht allein.«

Ich will ehrlich sein. Normalerweise hasse ich so was. Ich habe Angst davor und neige sehr dazu, solche Probleme auf andere Weise zu lösen, etwa indem ich verschwinde. Schlägereien sind einfach nicht erholsam. Aber diesmal war mein Herz dabei. Ich brauchte eine lange Sekunde. »Wenn einer von euch sich einmischt, bin ich auch dabei«, erklärte ich den Kumpanen des Chicano. »Im übrigen«, machte ich Lee Roy klar, *»que viva la raza,* Arschloch.«

Lee Roy warf den Queue auf den Tisch. Der Chicano griff als erster an und traf Lee Roy zweimal mit seinen spitzen Schuhen und einer Links-Rechts-Kombination. Lee Roy ließ ihn noch ein bißchen weitermachen, dann packte er den Chicano am Hemd, riß ihn heran, wobei fast alle Knöpfe absprangen, und verpaßte ihm zwei kräftige Schläge auf Mund und Nase. Die beiden wälzten sich ein Weilchen auf dem Boden, und es war nicht zu erkennen, wer dabei den kürzeren zog. Der Chicano schaffte es hochzukommen, stolperte aber, als er mit dem Fuß unter Lee Roys Nacken hängenblieb, und ging wieder zu Boden. Dann standen sie zusammen auf.

Die Zuschauer waren natürlich ungeheuer begeistert, bis auf den Barbesitzer und seinen Rausschmeißer, der in der Uni-Mannschaft Football spielte. Das konnte man auf seinem T-Shirt lesen. Die beiden fanden das Ganze gar nicht gut und brüllten was von Polizei. Ich glaube nicht, daß der Rausschmeißer, ein kräftig gebauter Schwarzer, es wirklich wollte, aber anscheinend fühlte er sich irgendwie verpflichtet, einen der beiden zu schnappen, und weil der Chicano zufällig näher bei ihm stand, knöpfte er sich den vor. Das war offenbar ein Fehler. Der Chicano ließ die Fäuste spielen, und der Rausschmeißer hing schon benommen an der Wand, bevor er mitkriegen konnte, daß er sich etwas höflicher hätte verhalten sollen. Als er zu sich kam, drehte er durch. Und dann geriet alles außer Kontrolle. Jemand schlug mir ins Gesicht, ich schlug zurück, und Lee Roy hatte es mit drei Angreifern zu tun. Irgendein Weißer kam ihm zu Hilfe und versuchte einen, der Lee Roy am Rücken hing, wegzuzerren. Ich hörte Sirenen.

Ich ging zu Alma und ihrer großen Schwester hinüber. Die beiden sagten, ich solle mit ihnen kommen. Da ich die Schlüssel hatte und das Auto und überhaupt, schien es mir nicht fair, Lee Roy allein zu lassen. So sehr ich auch in Versuchung war, ich ging zurück, um ihn zu holen. Er war übel zugerichtet und stöhnte so viel, wie sein Stolz zuließ, aber ich glaube, er war froh, daß noch etwas von meiner Freundschaft übrig war und er sich auf die Rückbank sinken lassen konnte.

Die Schlägerei brachte mir beträchtliche Vorteile ein. Sie lieferte mir einen Vorwand, Luisas Wohnung zu betreten, sie schenkte uns etwas Gemeinsames, über das wir bei einer Tasse Kaffee reden konnten, sie ließ mein Interesse an Alma tiefer erscheinen als bloß das kurze Geplänkel, das es war und das es auch wieder nicht war. Sie lagen mir zu Füßen, als ich die Gitarre holte und ihnen mit dem geschwollenen Veilchen im Gesicht ein paar Lieder sang.

Luisa kümmerte sich viel zu gutmütig um Lee Roy, bis er schließlich bewußtlos auf dem Sofa einschlief. Darauf entschuldigte sie sich und ging zu Bett, ermahnte jedoch vorher pflichtbewußt ihre kleine Schwester, nicht zu lange aufzubleiben. Alma und ich gingen raus auf den Balkon. Massen von Sternen, ein Halbmond und der weite schwarze Himmel über El Paso. Außer uns selbst hörten wir nur gelegentlich einen Lastwagen unten auf der Straße und einen Hahn, der sich in der Uhrzeit vertan hatte.

»Da drüben arbeitet mein Vater«, sagte sie und zeigte auf einen unschönen Fleck künstlichen Lichts am Horizont. »In der Schmelzhütte.«

»Jetzt zur Zeit grade?«

»Fast jede Nacht.«

»Da verdient er jedenfalls 'ne Menge Kohle.«

»Wir sind zu viele, und so gut ist die Bezahlung auch nicht.«

Ich wartete ein paar Augenblicke und küßte sie dann auf den Hals. »Wieso reden wir eigentlich von deinem Vater?«

»Ich mußte grade an ihn denken. Er meint, ich sollte nicht mal für eine Nacht bei meiner Schwester bleiben. Er hat Angst, ich könnte mich in Schwierigkeiten bringen.«

»Ach?« Ich geriet ins Wanken. »Bist du denn schon mal in Schwierigkeiten gewesen?«

Sie zögerte kurz. »Heute abend ist das erste Mal, daß ich einen Jungen mit hierher gebracht habe.«

Was sollte ich jetzt bloß sagen? »Ich sage dir, das ist die wahre Liebe.«

»Du mußt wohl immer Witze reißen.«

»Ich meine das ernst.«

Schließlich fingen wir an rumzuknutschen. Ziemlich lange. Sie verhielt sich dabei wie siebzehn, fast achtzehn.

»Ich will mit dir schlafen«, sagte ich.

Sie schwieg.

»*Bitte.* Du bist so schön, ich halt's nicht mehr aus.«

»Warum schreibst du eigentlich keine Lieder in Spanisch?«

Ich stöhnte laut auf. Sie wußte, was das bedeutete, erwartete aber trotzdem eine Antwort. »Keine Ahnung. Hab schon sehr früh damit aufgehört. Bin nur mit Leuten zusammen, die Englisch singen.«

»Du solltest mal welche in Spanisch schreiben.«

Ich nickte. »Heute abend hab ich auch daran gedacht.« Ich küßte sie wieder, und wir befummelten uns weiter. Sie wurde müde und löste sich von mir.

»Gehen wir rein. Wo willst du schlafen?«

»Normalerweise auf dem Sofa, aber Luisa hat gesagt, heute soll ich bei ihr schlafen.«

Wir gingen rein und schoben die Glastür zu. Ich

nahm eine von Lee Roys Decken und wälzte ihn vom Sofa runter. Dann nahm ich die Polster, breitete die Decke darüber aus, und Alma brachte mir noch zwei.

»In der Küche?«

»Ich hab Hunger.«

»Ich habe noch nie mit einem Jungen geschlafen«, sagte sie durchtrieben.

»Und daß du mir nie mit einem anderen schläfst.«

* * *

Ich sage Ihnen, sie war die schönste von allen. Und ich war der glücklichste Mann, der je in Schlaf gesunken ist. Gibt es eine größere Wonne, als mit einer Frau zu schlafen, in die man frisch verliebt ist? Wenn sie einen noch betört, wenn dieses wilde Gefühl der Unschuld den Geist eines Mannes noch fesseln und verzehren kann? Ich hatte große Gedanken! Ich schwebte auf Aussichten und Hoffnungen, auf Überzeugungen und Gewißheiten. Ich wußte, warum der Herr mich auf diese Erde gesetzt hatte, und ich liebte auch ihn.

»Du willst nicht zurückkommen, stimmt's? Sonst würdest du bleiben.«

»Alma, ich schwöre dir, ich komme wieder. Wir müssen nur diesen Auftritt in Austin machen. Das ist eine große Chance für uns. Wenn du willst, kannst du mitkommen.«

»Ich kann nicht, das weißt du genau.«

»Es sind doch nur ein paar Tage. Dann komme ich wieder.«

Wir schliefen ein, und spät am Morgen wurde ich von Lee Roy mit einem sanften Fußtritt geweckt. »Wir müssen los, Partner.« Als Luisa uns sprechen hörte, kam sie aus ihrem Zimmer und bot an, Frühstück zu machen. Sie weckte Alma, und die beiden flüsterten miteinander, wobei Alma ihre Decke um sich gewickelt hielt; dann ging sie ins Bad. Ich sah Luisa schuldbewußt an. Als sie sagte, das sei Liebe auf den ersten Blick, fühlte ich mich besser. Ich fragte, ob ich was einkaufen solle, aber sie sagte nein, wir sollten ihr nur unser erstes Album schenken, wenn es rauskäme.

»Du hattest recht mit der Großen«, sagte Lee Roy zu mir. »Sie ist wirklich sehr schön. Da hab ich was verpaßt.«

Ich wurde nicht ganz schlau aus ihm. Immerhin, sein Gesicht war ziemlich übel zugerichtet, aber leid tat er mir deswegen nicht. »Ich werde die ganze Strecke fahren müssen. Und du siehst zu, daß du morgen abend singen kannst.«

»Mann, sei doch nicht so grob. Ich hab's doch nicht böse gemeint.«

Der Abschied war mehr als peinlich. Wir alle waren verschlafen und kaputt, Lee Roy und ich waren verkatert. Ob es den beiden Schwestern auch so ging, war schwer auszumachen, und Alma und ich versuchten die richtigen Worte zu finden.

»Ich ruf dich an, wenn ich da bin«, sagte ich. »Sind ja nur ein paar Tage.«

Als ich losfuhr, fragte ich mich, wie ich zurückkommen sollte, wie das überhaupt gehen sollte, und was mir in Austin bevorstehen würde. Dann mußte ich denken, daß das alles ein gutes Omen für uns war, wie die Muse mich geküßt hatte und jetzt verlangte, daß ich meine Lieder schrieb, und wie schön es war, unterwegs zu sein. Ich fuhr auf den Seitenstreifen des Highways und bremste in einer Wolke trockenen Wüstenstaubs. Während ich auf irgendein kräftiges Gewächs pinkelte, sagte ich Lee Roy, er müsse für eine Weile das Steuer übernehmen, weil ich einen Song über El Paso schreiben wolle.

»Darüber, daß ich wieder zu ihr zurückwill«, sagte ich.

Er lachte.

»Das ist die Wahrheit, Mann. Ich glaub, ich liebe sie.«

Er wieherte aus dem Fenster.

»Du glaubst mir nicht?«

Lee Roy lachte immer noch. Ich kletterte auf den Rücksitz, streckte die Beine aus und klimperte auf der Gitarre, einen Bleistift hinters Ohr geklemmt und ein Blatt Papier auf dem Schoß. Der Song handelte davon, wie ich mit dem schönsten Mädchen getanzt hatte, und niemals würde Lee Roy ihn singen dürfen.

Magie des Blutes

Es war noch nicht spät, es sei denn, man war ein Baby oder vielleicht gerade darüber hinaus und schlief auf dem Rücksitz, oder man war alt. Meine Urgroßmutter war sogar sehr alt, und die saß müde auf dem Beifahrersitz. Ich fuhr sie aus Garden Grove nach Hause, wo wir im Haus meines Onkels ihren Geburtstag gefeiert hatten, auch wenn niemand genau wußte, der wievielte es war und ob das Datum stimmte. Ich hatte sie nicht fahren wollen, denn mein Wagen war erstens seit Monaten nicht mehr gewaschen worden – was hier in dieser vorstädtischen Gegend offenbar stärker beachtet wird als da, wo ich wohne –, und zweitens übersät mit leeren Bierdosen und Flaschen und öligen Lappen und jeder Menge Papier und anderem Zeug, das niemals weggeräumt wird, wenn man die Sache erst einmal hat schleifen lassen. Mein Auto schien nicht gerade die beste Umgebung für jemanden zu sein, der meiner Familie so viel bedeutete, aber da meine Schwester und ich ebenfalls in Hollywood leben, blieb uns wohl kaum etwas anderes übrig, als sie mitzunehmen. Die Nacht über der Autobahn war klar, das heißt, es war stockdunkel um uns herum, klumpig schwarz wie schmutziges Öl, in das scharf die Scheinwerfer stachen. Die Straße summte besänftigend, und die Menschen in all den großen und kleinen Autos, die an uns vorüberglitten, hatten die Ellbogen in die offenen Fenster gelehnt und waren so deutlich zu erkennen, als seien sie eigens für diese Szenerie kostümiert und geschminkt, als gehöre das alles zu irgendeinem geschmackvollen amerikanischen Film.

Gelegentlich schrie das Baby, mein Neffe, und meine Schwester sprach leise auf ihn ein. Ohne den Blick von der schmierigen Windschutzscheibe zu wenden, die zerkratzt war von den Wüstenstürmen bei uns zu Hause und voller Wasserflecken und normalem Schmutz von hier, sagte meine Urgroßmutter in ihrem singenden Tonfall: »*Pobrecito, pobrecito, que bebito tan lindo tan chistoso.*« Das war nett, nur daß uns dann wieder für ein paar Meilen die Worte ausgingen und mir in dem Schweigen auffiel, wie fest sie sich mit einer Hand am oberen Rand des Armaturenbretts anklammerte. Um mir die gezwungene Unterhaltung zu ersparen, hatte ich vor der Abfahrt meine Schwester gebeten, sich neben mich zu setzen, aber sie hatte nur gesagt: »Mit dem Baby?« – ungefähr so, als ob ich vorgeschlagen hätte, den Kleinen auf die Motorhaube zu setzen. Und da Schweigen noch schlimmer ist als oberflächliches Gerede, begann ich nun Konversation zu machen.

»Nein, ich habe seit Jahren nichts mehr von ihm gehört«, antwortete Urgroßmutter auf meine Frage nach einem gewissen Verwandten, den ich nur ein einziges Mal gesehen hatte. »Die Familie lebt zu weit verstreut. Hier welche und dort welche. Und der eine redet nicht mit dem anderen, immer ist da irgend etwas. Das ist gar nicht schön und sehr ungewöhnlich.«

»Von den meisten meiner Onkel und Tanten weiß ich nicht einmal, wie sie aussehen«, warf ich ein, um ihre Theorie zu unterstützen und am Leben zu halten.

»Keiner interessiert sich für den andern«, sagte sie. »Keiner hält das für wichtig. Die Familie ist völlig auseinandergebrochen.«

Ich warf einen kurzen Blick in den Rückspiegel. Hatte meine Schwester das gehört? Ich konnte nichts dafür, aber die Bemerkungen unserer Urgroßmutter erschienen mir bedeutsamer, als sie wahrscheinlich gemeint waren, und ich dachte, es wäre nicht schlecht, wenn meine Schwester das mitbekommen hätte, und wenn auch nur um unserer Mutter willen. Nicht daß ich es direkt wollte, aber manchmal wünschte ich mir, meine Schwester bekäme endlich die gerechte Strafe für den Saftsack, den sie geheiratet hatte, und für das Leben, das sie führte.

Es ist nicht leicht zu erklären, warum meine Schwester diesen *cabrón* geheiratet hat. Unsere Familie ist weder blöd noch arm. Mein alter Herr hat immer seinen Lohn nach Hause gebracht und mich mehr als eine Sache gelehrt, von der man leben kann. Auch meine Schwester hatte viele Chancen. Sie sah gut aus, sie war klug, und sie schien immer genau zu wissen, was zu tun war. Doch sprach sie oft davon, daß sie nicht gern zu Hause sei, sie wolle nicht für den Rest ihres Lebens in irgendeinem langweiligen Haushalt festsitzen und Kinder großziehen, bis ihr Körper so anziehend wie ein Spüllappen geworden sei. Meine Mutter nahm ihr diese Einstellung sehr übel und hielt ihr vor, was für ein schlechtes Beispiel sie damit ihren jüngeren Schwestern gebe. Wir sind fünf Kinder in der Familie, und ich bin das einzige männliche. Das klingt wohl eher nebensächlich, aber ich habe darin, wie meine Mutter auch, stets eine Verantwortung gesehen, die es zu akzeptieren galt. Mein alter Herr dachte anscheinend nicht so darüber, und das war, nach den Worten meiner Mutter, noch ein Beweis mehr. Vielleicht sieht es so aus, als würde ich vom Thema abschweifen, aber dem ist nicht so. Meine Urgroßmutter ist die Großmutter meines Vaters. Und meine Schwester ist nach L. A. gekommen, weil meine Urgroßmutter hier lebt.

Urgroßmutter stammt aus Mexiko, aus einem kleinen Ort auf dem Weg nach Mexico City. Auch sie war nicht dumm, auch sie wünschte sich das Leben, das die meisten Menschen wollen, aber nicht haben können. Niemand hat mir das so genau erklärt, vielleicht weil niemand die Geschichte so genau kennt, denn das alles ist sehr lange her und nur mündlich zu uns gedrungen; jedenfalls heiratete meine Urgroßmutter einen sehr reichen Mann, der irgendwie mit der Regierung zu tun hatte. Da war sie gerade vierzehn. Sie wurde sofort schwanger, und der Mann starb nach einem Jahr. Einige aus der Verwandtschaft behaupten, er sei umgebracht worden, andere reden von irgendeiner seltenen Krankheit. Wieder andere sagen, er sei eben einfach alt gewesen – und zwar richtig alt, sagen sie – und sei gestorben wie jeder andere auch, und manche sehen in diesem Tod die gerechte Strafe dafür, daß er sich ein so junges Mädchen zur Frau genommen hatte. Meine Urgroßmutter, damals ungefähr sechzehn Jahre alt, war also plötzlich reich oder zumindest in gewissem Sinne mächtig und befand sich in einer Position, die sie sich gewünscht hatte. Sie ließ das Baby bei ihrer Mutter in dem kleinen Dorf und ging in die Vereinigten Staaten. Sie können sich selbst ausrechnen, wie viele Jahre das her sein muß und wie das damals war. Ich weiß nicht, wohin sie als erstes kam, ob sie im ganzen Land oder nur im Südwesten umherreiste oder was. Das ist auch so eins dieser Themen, über die sich offenbar niemand deutlich äußern will. Und es hat den Anschein, als sei es allen unangenehm, Urgroßmutter direkt danach zu fragen, was meiner Meinung nach ebenfalls auf die Kappe meines Vaters geht. Fest steht aber, daß meine Urgroßmutter schließlich nach Kalifornien gekommen und in die gerade aufblühende Filmindustrie eingestiegen ist. Niemand weiß, ob sie dort reich oder berühmt oder sonstwas wurde, wir wissen nur, daß sie einen Filmregisseur heiratete – auch er war alt, und auch er starb, doch im Zusammenhang mit seinem Tod spricht niemand von irgendwelchen Rätseln. Von Belang war für uns alle nur ein einziges bezauberndes und nachweisbares Detail: Sie hatte eine Adresse in Hollywood. Wir konnten uns einbilden, Magie im Blut zu haben.

Meine Schwester war die erste in der Familie, die sich entsprechend verhielt. Sie lief mit sechzehn von zu Hause weg und ging nach L. A. Anfangs wollte mein Vater sie dafür umbringen, doch über Nacht fand er sich damit ab und sagte meiner Mutter, er werde das Mädchen in Ruhe lassen, und ihr empfehle er das auch. Es sei ihr Leben, sie habe es so gewollt, erklärte er meiner Mutter. Mom tobte und heulte, dann fügte sie sich. So sah mein alter Herr nun einmal das Leben, und Mutter unterwarf sich ihm. Sie sagte, es sei unmöglich, ihm Widerstand zu leisten, wenn er sich einmal etwas in den Kopf gesetzt habe. Das war wie bei meiner Urgroßmutter und wohl auch wie bei meiner Schwester. Wahrscheinlich hatte er sogar recht. Aber ich sah die Sache so wie meine Mutter, bevor sie den Kampf aufgegeben hatte. Ich wollte wissen, warum er nicht alles hatte liegen- und stehenlassen und ihr nachgereist war. Hätte man das nicht von ihm erwarten sollen? Alle sagen, ich sei meiner Mutter ähnlich. Was vermutlich erklärt, warum mein alter Herr mich schlagen mußte, als ich ihm erzählte, daß ich ihr nachfahren werde, wenn er nicht Manns genug dazu sei. Ich schubste ihn, er stieß zurück. Dann haute ich ihm, so fest ich konnte, auf die Schulter. Und er stieß mich mit beiden Armen nach hinten. Als ich das Gleichgewicht wiedergefunden hatte, holte ich aus und verfehlte ihn, und er traf mich so hart in den Magen, daß mir die Luft wegblieb. Ich wäre jede Wette eingegangen, daß er keine Chance gegen mich hatte, und eine Zeitlang, in den ersten Wochen und Monaten danach, flüsterte mein Stolz mir ein, wenn ich richtig auf ihn losgegangen und ihn mit voller Kraft ins Gesicht geschlagen hätte, wäre es anders ausgegangen. Das stimmte jedoch nicht. Er hätte mich nach Strich und Faden verprügelt. Und so gehorchte ich ihm, weil er ja auch in vielen anderen Dingen recht hatte. Ich akzeptierte das genauso, wie ich, ohne etwas zu verstehen, seine Belehrungen akzeptiert hatte, wie man ein Auto auseinanderbaut – ich mußte von selbst dahinterkommen, ob seine Methode wirklich die beste war oder ob er es einfach nicht besser wußte.

Meine Schwester schweigt sich noch heute darüber aus, was sie in den ersten Monaten hier in L. A. getrieben hat. Ich weiß nur, daß sie nicht bei Tante und Onkel in Garden Grove gewohnt hat. Das haben zwar alle anderen bei uns zu Hause geglaubt, aber ich habe die beiden gefragt und von ihnen erfahren, daß sie nicht ein einziges Mal bei ihnen vorbeigeschaut hat. Ansonsten weiß ich nur noch, was wir alle wissen: daß sie mit einem älteren Mann zusammengezogen ist, einem Knastbruder und Gangster, wie meine Mutter behauptet. Von ihm erfuhren wir, als sie schließlich anfing, nach Hause zu schreiben, und Bilder von ihm schickte. Eins zeigte Mundo in ausgebeulten Hosen und Unterhemd, mit Tätowierungen auf beiden Armen, einem Schnurrbart und angeklatschten Haaren. Auf einem anderen war er in weißem Anzug, schwarzem Hemd und weißer Krawatte zu sehen, ein schwarzes Tuch in der Jackentasche, dazu dieser Schnurrbart, ein paar lange, widerspenstige Haare am Kinn, das glänzende, von einem Kamm mit breiten Zinken gefurchte Haar. Meine Schwester sah auf beiden Fotos gut aus und, falls ich das sagen darf, auch wenn ich ihr Bruder bin, richtig sexy, so daß jeder Mann auf der Welt gerne so viel Zeit wie nur irgend möglich mit ihr verbringen würde. Fest steht auch, daß sie eine schöne Zeit erlebte. Mundo hat sie, obwohl sie noch minderjährig war, in Nachtclubs ausgeführt, Nachtclubs am Sunset Boulevard, in denen er, wie sie behauptete, als Sänger auftrat. Niemand hat ihr das geglaubt. Aus irgendeinem Grund fiel das schwer. Dabei konnte man eines meiner Schwester nie nachsagen: Sie war keine Lügnerin – manchmal verschwieg sie vielleicht etwas, aber gelogen hat sie nie. Jedenfalls darf man annehmen, daß Mundo sie in mancher Hinsicht anständig behandelt hat, denn sie trug nur die teuersten Kleider und brauchte nicht zu arbeiten. Ja, sicher, nach Hollywood war sie nur gekommen, weil sie aus der Schlafzimmerkommode unserer Eltern einen Umschlag mit Geld gestohlen hatte. Das war schon ein starkes Stück, und als sie es schließlich in einem Brief erwähnte, schrieb sie, es tue ihr leid und sie wolle das Geld so bald wie möglich zurückzahlen. Und das tat sie auch, beziehungsweise Mundo tat es. Das hat meinem alten Herrn sehr imponiert. Meine Mom sagte, er sehe darin den Beweis, daß er meine Schwester richtig und wir sie falsch beurteilt hätten.

Ich bin nicht, wie alle behaupten, wegen meiner Schwester hierhergekommen. Der Vorschlag kam zwar von ihr, das stimmt, aber ich hatte meine eigenen Gründe. Meine Schwester hatte dieses Haus in Hollywood und brauchte Hilfe, um die Miete zahlen zu können. Sie hat vor einigen Monaten mit Mundo Schluß gemacht – warum, ist uns unbekannt, und auch mir hat sie es nicht erklärt, dabei liegt die Sache eigentlich auf der Hand. Sie hat ihm gesagt, er solle sie und das Baby wenigstens so lange in Ruhe lassen, bis sie wieder bereit wäre, mit ihm zusammenzuleben. Sie bekommt Briefe von ihm, sagt sie, in denen er sie um Verzeihung anfleht und ihr seine Liebe schwört und daß er sich geändert habe. Angeblich ruft sie ihn weder an, noch schreibt sie ihm, aber ich habe da meine Zweifel. Sie hat einen prima Job in einem Musikstudio. Den hat sie Mundos Beziehungen zu verdanken, das gibt sie zu, behauptet aber, es spiele keine Rolle, wie sie daran gekommen sei, weil kein Mensch ohne irgendeinen Grund an einen guten Job komme. Manchmal arbeitet sie vierzig Stunden, manchmal zwanzig, und das Baby wird in dieser Zeit von einer Nachbarin versorgt, einer Mexikanerin. Jedenfalls stimmt es nicht, daß sie mich gebraucht hat, und selbst wenn es stimmen würde, wäre ich immer noch aus eigenem Entschluß gekommen. Man könnte sagen, daß ich herausfinden wollte, wie ich mich fühlen würde, wenn ich mehr wäre als nur der Sohn meiner Mutter. Ich habe einen Job bei einer Firestone-Tankstelle. Vorübergehend.

* * *

Urgroßmutters Party war ziemlich groß. Die Verwandtschaft kam von überall her, aus sämtlichen Bundesstaaten im Südwesten und aus Mexiko. Im Garten wurde eine Ziege gegrillt, und mein Onkel hatte für einen zweistündigen Auftritt Mariachi-Musiker aus Santa Ana angeheuert. Alle sprachen von Disneyland und Knott's Berry Farm und Sea World. Alle übernachteten in verschiedenen Hotels und Motels, auch meine Eltern und meine jüngeren Schwestern. Nicht einmal die Verwandten aus Mexiko schliefen bei meiner Tante und meinem Onkel. Das alles ist Teil einer Tradition, die auch, wie meine Mutter mißbilligend erklärt, der angebliche Grund dafür sein soll, warum meine Urgroßmutter unbedingt allein leben will, ganz gleich, wie es ihr gesundheitlich geht – das jedenfalls reden *die* sich ein, behauptet meine Mutter.

Ich hätte meiner Urgroßmutter jetzt, wo sie bei mir im Auto saß, eine Menge Fragen stellen können. Ich tat es nicht, nicht weil ich schüchtern bin oder weil ich sie an diesem Tag überhaupt erst kennengelernt hatte. Sondern weil ich es nicht für richtig hielt und es mir nicht zulässig schien, jemand anderen aus der Verwandtschaft zu fragen, ob man sie überhaupt etwas fragen durfte. Nur fiel mir außer diesen Fragen nichts ein, worüber ich hätte reden können. In jeder Gesprächspause wünschte ich mir von neuem, meine Schwester möge etwas sagen oder das Baby solle wieder zu schreien anfangen. Oder ich machte mir Sorgen wegen dieses alten Autos. Was mache ich, wenn es kaputtgeht? Was würde sie sagen, wenn wir auf dem Seitenstreifen anhalten müßten? Und ich hatte getrunken. Nicht daß ich betrunken war, aber das, was ich war, machte die Nacht noch schwärzer und steigerte dieses Gefühl von Alt und Neu und Jung und Alt. Es kam mir vor, als würden wir unter der Erde fahren, nicht auf der Oberfläche, als hielte ich zwar das Steuer, hätte aber keine Kontrolle über das Ziel, dem wir entgegenrollten. Solche Fahrten außerhalb der Stadt kannte ich von früher, von zu Hause. Da hatte ich schon denselben Wagen gefahren, ohne Licht, die Fenster auf, Wind um den Kopf, und hatte etwas ganz Ähnliches empfunden. Aber dort waren es die Sterne gewesen, das Mondlicht auf den Kakteen und Gräsern, auf Sand und Felsen. Das kam mir alt vor, als sähe ich die Vergangenheit, sähe sie so, wie jeder Mensch sie sieht, der dort irgendwann einmal vorbeikommt. Aber die Fahrt hier auf der Schnellstraße war die Zukunft, über uns helle Quadrate und Rechtecke, Kreise und Ovale und deren Reflexe auf gewachsten Farben, auf Stahl und Aluminium, auf den Reklametafeln, auf denen sich junge Frauen mit Bräunungsöl einrieben oder junge Männer mit straffen Bauchmuskeln für Hosen warben. Für mich war beides anregend, aber diesmal saß meine Urgroßmutter neben mir und sah es auch und blinzelte mit ihren klaren, feuchten Augen angestrengt durch das schmutzige Fenster meines schmutzigen Wagens.

Ich konnte nur über Verwandte reden, die ich nicht kannte und die mich nicht interessierten.

»Ich habe Briefe von allen«, sagte sie mit ruhiger Stimme, die gar nicht zu ihrer angstvollen Miene paßte. »Irgendwann schreibt mir jeder einmal, daß er hierhin oder dorthin zieht. Oder es geht um ein neues Haus oder eine Hochzeit, und dann schicken sie mir Bilder von den Babys. Ich habe viele viele Bilder. Ich werfe sie nicht weg. Ich bewahre sie in einer Schublade auf.«

»Es ist bestimmt unmöglich, die ganzen Namen zu behalten. Das müssen ja Hunderte von Bildern sein.«

»Ja«, sagte sie gleichmütig.

»Die Namen behalten. Wahrscheinlich weißt du gar nicht, wer diese Leute sind!«

»Ich versuche es mir zu merken«, sagte sie gleichmütig.

»Und, Urgroßmutter«, sagte ich. »stört es dich gar

nicht, so allein zu leben? Das macht dir nichts aus?« Mein alter Herr, das war mir gleich klar, würde jetzt sagen, das ginge mich überhaupt nichts an, aber es rutschte mir einfach so heraus, als wäre es die Stimme meiner Mutter.

»Ich habe meine Kätzchen. Die sind ja so süß. Die leisten mir Gesellschaft. Besuch bekomme ich nur noch sehr selten.«

Plötzlich schrie das Baby los, und Urgroßmutter murmelte ihr *»Pobrecito, pobrecito, que bebito tan lindo tan chistoso«*. Während meine Schwester den Kleinen beruhigte, überlegte ich, was das für Besucher sein mochten. Ich stellte mir Leute vom Film vor oder irgendwelche anderen, mit Berufen, die mir nichts sagten, von denen ich nichts verstand, Leute, die sie um der alten Zeiten willen besuchten. Ich wußte nicht, ob jeder in der Familie das gleiche Foto von ihr hatte, jedenfalls besaßen wir eins, das in einem Porträtstudio in Hollywood aufgenommen worden war, und zwar in der Vine Street. Das wußte ich so genau, weil die Adresse hinten auf den festen, vergilbten Karton gestempelt war. Jung sah sie darauf aus, sexy, wie ein Starlet. Die Ähnlichkeit war noch vorhanden, nur daß sie jetzt sehr viel älter war.

»Ich weiß nicht, was ich ohne meine Kätzchen machen würde«, nahm sie das Gespräch mit mir wieder auf. »Die sind das reine Glück für mich. Früher hatte ich Untermieter, aber die haben mich nur bestohlen oder die Miete nicht bezahlt. Das war sehr unangenehm. Das Geld konnte ich zwar brauchen, aber es war einfach zu schlimm. Die Leute erwarten viel zu viel.«

»Kommst du denn aus?« fragte ich ein wenig interessierter. »Du brauchst doch kein Geld oder sonst irgendwas?« Weiß der Himmel, was ich dagegen hätte tun können, aber mein Mund hatte sich selbständig gemacht.

Ohne mit der Wimper zu zucken, sagte sie: »Es ist nicht mehr so einfach wie früher, weil ich jetzt nicht mehr arbeiten kann. Aber ich habe ja auch keine großen Ausgaben.«

Als sie das so vernünftig sagte, wurde mir klar, daß sie nie daran gedacht hatte, sie hätte etwas Besseres oder gar noch mehr verdient.

»Aber willst du nicht die Familie in deiner Nähe haben? Hättest du es nicht gern, wenn dich täglich jemand besuchen käme?« Mom wäre stolz auf mich, auf diese Frage. Jetzt gab es kein Zurück mehr.

»Doch, ja. Das würde mir sehr gefallen. Aber die Familie lebt ja so weit auseinander. Das ist sehr ungewöhnlich, aber so ist es nun mal.«

»Möchtest du nicht bei einem von uns wohnen? Bei Onkel und Tante in Garden Grove? Oder bei meinen Eltern?«

»Nein, nein. Ich bin sehr an mein Zuhause gewöhnt. Woanders könnte ich nicht leben.«

So viel zur Denkweise meiner Mutter.

Als wir dann durch die Lichter der City rasten – fast taghell strahlten die Scherben –, hörten wir auf zu reden. Meine Urgroßmutter und ich fuhren nun auf unseren eigenen Wegen, sie hatte sogar das Armaturenbrett losgelassen. Das Baby war eingeschlafen, auch meine Schwester war eingenickt. Wir schraubten uns auf den Hollywood Freeway, und von da ab war die Strecke nicht mehr so fremd. Grüne Ausfahrtsschilder glitten vorüber, und schließlich folgte ich demjenigen, das zu ihrem Haus führte. Urgroßmutter beschrieb mir den Weg, aber den wußte ich noch ungefähr, da ich mich gleich nach meiner Ankunft einmal von meiner Schwester hatte bei ihr vorbeifahren lassen. Bei dieser Gelegenheit hatte sie mir erzählt, sie habe das auch getan, als sie in die Stadt gezogen sei, und auch später sei sie mehr als einmal mit Mundo dort vorbeigefahren. »Keine große Sache«, waren ihre Worte.

Es war ein ganz gewöhnliches Haus. Genaugenommen kaum anders als die bei uns zu Hause, wenngleich die Straße und die Vorgärten und die allgegenwärtigen Palmen eine eigenartige Atmosphäre ausstrahlten. Die Gegend war nicht besonders schön. Vor einem Haus auf der anderen Straßenseite stand ein mit Graffiti besprühtes Auto ohne Reifen und Felgen. Manche, die hier vorbeifuhren oder -gingen, sahen nicht gerade normal aus, zumindest hätten sie an jedem anderen Ort als Hollywood, wo sich der Abschaum problemlos unters Volk mischt, für Aufsehen gesorgt. Von irgendwo kam laute Rockmusik, vielleicht aus einer Bar auf dem Boulevard, vielleicht aus einem der Häuser nebenan. Aber früher war das bestimmt ein schönes Heim gewesen, und mit etwas Farbe würde das Haus meiner Urgroßmutter auch heute noch einen netten Eindruck machen. Wie auch immer, mir bedeutete es etwas, hier zu sein. Diese Adresse hatte ich mir eingeprägt. Und jetzt sah ich sie nicht bloß als einen Punkt auf einem Stadtplan oder aus der Ferne zusammen mit meiner Schwester, jetzt gehörte ich dazu, ich war in die Geschichte dieses Hauses eingetreten.

Urgroßmutter brauchte Hilfe, um ins Haus zu gelangen, besonders, sagte sie, wenn sie so lange gesessen hatte. An so etwas bin ich auch nicht gewöhnt. Ich weiß nicht, wieviel Hilfe noch Hilfe ist und wieviel schon zuviel ist. Ich machte ihr die Tür auf und streckte die Hand aus, sie hielt sich an mir fest, setzte ein Bein nach dem andern aus dem Wagen auf den Bürgersteig und zog sich dann hoch. Auch beim Gehen brauchte sie Hilfe. Ich bot ihr meinen Arm, und sie klammerte sich daran. Wenn sie erst mal im Haus sei, könne sie besser gehen, erklärte sie. Ich stellte mich auf ihr bedächtiges Tempo ein und hielt mich neben ihr. Auch für mich war das ein schwieriger Gang – sie fühlte sich so zerbrechlich an, so zart und verletzlich, dabei aber kein bißchen weich oder unschuldig, ganz und gar nicht wie ein Kind. Die Stufen zu ihrer Haustür waren das schwierigste Hindernis, und endlich oben angelangt, waren wir beide, jeder auf seine Art, ziemlich erschöpft.

Als sie in ihrer alten Handtasche nach den Hausschlüsseln kramte, mußte sie sich an die verputzte Wand zwischen Tür und Fenster lehnen und sagte immer wieder, wenn auch nicht sehr zuversichtlich: »Sie sind hier, sie sind in der Tasche.« Zwei ihrer Katzen schoben den Vorhang auseinander und rieben sich am Fliegengitter, kratzten an dem feinmaschigen Netz und miauten glücklich und aufgeregt zugleich. Hinter ihnen war es so hell, daß sie fast wie Silhouetten wirkten. Aus der Nähe konnte ich sehen, daß sie grau getigert waren. Während meine Urgroßmutter immer noch nach ihren Schlüsseln suchte, redete sie in ihrem singenden Tonfall auf sie ein: *»Pobrecitos, pobrecitos, que gagitos tan lindos tan chistosos.«* Ich ging noch mal zum Auto und holte die Tüte mit ihren Geschenken und dem übriggebliebenen Essen.

Inzwischen hatte sie die Schlüssel gefunden und mühte sich mit den Schlössern ab. Es waren zwei, eins unter dem Türknauf im Beschlag und darüber ein abschließbarer Riegel. Da sie nicht daran gedacht hatte, das Außenlicht anzulassen, war es ziemlich dunkel. Das bißchen Licht kam aus dem Fenster, hinter dem eine weitere Katze jämmerlich miaute, aber das half auch nicht viel. Meine Urgroßmutter probierte umständlich zwischen Schlüsseln und Schlössern hin und her, zerrte und drückte und murmelte dabei, sie hätte doch lieber das Licht anlassen sollen, jetzt müsse sie es an der Hintertür versuchen, das seien nicht die richtigen Schlüssel. Ich bot ihr meine Hilfe an, aber sie sagte nein. Im Hintergrund hörte ich Grillen zirpen, vielleicht auch nur eine einzige laute Grille, dann das ferne Heulen einer Alarmanlage.

»Ich muß es an der Hintertür versuchen. Ich muß es an der Hintertür versuchen.« Sie war ganz durcheinander. »Irgendwas stimmt mit den Schlüsseln nicht.«

»Laß mich ran«, bat ich noch einmal. »Ich sehe doch, daß es die richtigen Schlüssel sind. Sie haben sich gedreht.« Ich war nervös, weil sie nervös war, sagte mir aber, es könne nur eine begrenzte Anzahl von Drehungen nach links und rechts geben und eine dieser Kombinationen müsse die richtige sein. Sie sprach noch immer davon, daß sie es an der Hintertür versuchen wolle oder daß man ein Fenster einschlagen oder die Tür eintreten müsse. Sie redete mit den Katzen oder murmelte vor sich hin, wenn sie nicht gerade etwas zu mir sagte. Ich hätte schwören können, daß sie zitterte, und hatte Angst, daß sie vor meinen Augen zusammenbrechen und an der Aufregung sterben könnte. »Laß mich mal, ich bekomme das auf«, versicherte ich ihr und mir selbst. Den Schlüssel im oberen Schloß nach links, dann beide Schlüssel rausziehen, den anderen Schlüssel nach rechts, drücken, nach links, drücken. Den oberen Schlüssel nach rechts ...

Die Tür klemmte, aber beim ersten Versuch hatte

ich es nicht bemerkt. Also fing ich das Ganze noch einmal von vorne an. Das nächstemal drückte ich mit aller Gewalt, und sie gab nach.

»Die Kätzchen, die Kätzchen!« Kaum war die Tür offen, war meine Urgroßmutter wie ausgewechselt. Die Verwandlung war so deutlich wahrnehmbar wie der feuchte Gestank des Katzenklos, der das ganze Haus durchzog. Beim Reingehen sprach sie mit mir und den Katzen. »Komm rein, es sind noch Kekse in der Dose, ich weiß, wie hungrig ihr seid, *pobrecitos, pobrecitos.*« Die Kätzchen schmiegten sich an ihre schwachen Beine. »Habt ihr Durst?« Fast hätte ich ja gesagt, weil nicht ganz klar war, ob sie nur die Katzen oder auch mich gemeint hatte.

Als ich mir die Bilder an den Wänden ansah, spürte ich nichts mehr von dem Gestank. Es waren Fotos aus Hollywood, Schwarzweißaufnahmen von ihr und einigen anderen Schauspielern und Schauspielerinnen, die ich nicht kannte. Auf den meisten Bildern trug sie Kostüm, zum Beispiel ein spanisches, aber auch eins, das ich nicht zuordnen konnte. Ich empfand eine ungeheure Erleichterung, denn so sehr ich mir immer gewünscht hatte, die Geschichte möge wahr sein, waren mir stets Zweifel und die Sorge geblieben, ich wäre so einfältig gewesen, darauf hereinzufallen. Jetzt aber war ich hier, in diesem ansonsten gewöhnlichen, ansonsten jämmerlich möblierten und vermieften Haus.

»Ich geh jetzt besser«, sagte ich. »Das Baby.«

»O ja! *El pobrecito!*« Sie war überglücklich, wieder zu Hause zu sein, und als ich zur Tür ging, dankte sie mir ein ums andere Mal.

Al in Phoenix

An meinem Auto mußte das Radlager ausgewechselt werden. Das wußte ich, weil ich seit über einem Jahr so ein Geräusch gehört hatte; andererseits hatte ich mir gerade deswegen, weil das Geräusch so lange unverändert blieb und weder besser noch schlimmer wurde, keine allzu großen Sorgen gemacht. Da ich aber nicht wollte, daß das Lager sich festfraß und auch noch die Achse ruinierte, meinte ich nun doch etwas unternehmen zu müssen. Das heißt, ich wollte den Wagen in eine Werkstatt bringen, denn ich hasse es mittlerweile, daran oder überhaupt an irgendwelchen Autos herumzubasteln, auch wenn ich gelegentlich dies oder das an einem fremden Auto mache. Aber Sie wissen ja selbst, wie so was läuft. Meistens ist es nur eine Kleinigkeit, da weiß ich fast immer, was nicht stimmt, was zu reparieren ist, schließlich habe ich in meiner Jugend genug mit so was zu tun gehabt. Auf alle Fälle interessierte es mich, was man dagegen unternehmen könnte, was dieser Autoschlosser in Blythe dazu sagen würde. Ich kannte den Mann, ich kannte die Werkstatt, denn ich tankte dort fast jedesmal auf der Durchreise. Einmal hatte ich dort einen Reifen gewechselt, ein anderes Mal einige lockere Ventile nachsehen lassen. Blythe ist der letzte richtige Halt vor Phoenix, danach kommt nur noch eine lange sandige Wüstenstrecke, auf der man besser keine Panne haben sollte. Ich bildete mir ein, der Mann würde sich an mich und meinen Wagen erinnern, zumal dieses Modell bestimmt nicht allzuoft in der Gegend auftauchen dürfte, und als er damals die Ventile nachstellte, hatte ich ihn auch gleich noch den Motor frisieren lassen und uns beiden ein Bier geholt. Jetzt aber benahm er sich nicht so, als würde er mich kennen, oder ließ sich jedenfalls nichts davon anmerken. Zuerst fragte ich nach einem neuen Reifen, und er verlangte doppelt soviel, wie ich jemals woanders dafür bezahlt hatte, und als ich andeutungsweise fragte, ob er mir nicht einen besseren Preis machen könnte oder, falls nicht, mir eine günstigere Werkstatt in der Nähe nennen könnte, sah er mich an, als käme ich von einem anderen Planeten. Ich brauchte den Reifen, der alte war in schlechtem Zustand, schon völlig abgefahren. Dann erkundigte ich mich nach dem Radlager, wieviel er fürs Auswechseln nehmen würde. Das könne er nicht sagen, dazu müsse er es erst ausbauen und sich ansehen. Das schien mir ziemlich unannehmbar, wie Sie sich vorstellen können, denn wenn das Ding erst einmal zerlegt wäre, hätte ich bereits Zeit und Geld verloren, falls der Preis mir dann doch zu hoch sein sollte. Damit war Blythe für mich gestorben. Ich dachte, es wird schon gutgehen, und das sagte ich ihm auch; und da ich sowieso noch einen funktionstüchtigen Ersatzreifen hatte, beschloß ich, nach Phoenix zu fahren und den Reifen bei einem Discounter zu kaufen, den ich dort kannte und der nicht so unverschämte Preise verlangte. Dort würde ich auch die andere Reparatur vornehmen lassen.

Und es ging tatsächlich gut. Das Radlager gab erst im Stadtgebiet von Phoenix den Geist auf. Ich fuhr langsam weiter, auf dem Seitenstreifen des Freeway, um genau zu sein, bis ich zu einer Abfahrt kam, die ich mit qualmendem und stinkendem Reifen im Leerlauf hinunterrollte, bis ich vor irgendeinem Geschäft am Straßenrand stehenblieb, wo man mich telefonieren ließ; ich rief *Triple-A* an, eine der wirklich großartigen Serviceketten Amerikas. Jeder stellt einem gerne sein Telefon zur Verfügung, um dort anzurufen. Im Handumdrehen kommt ein Abschleppwagen und nimmt mich mit.

»Wo soll's denn hingehen?« fragt mich der Fahrer, ein junger Bursche mit langen, glatten blonden Haaren, die ordentlich geschnitten und sauber gewaschen sind.

»Kennen Sie eine gute Werkstatt? Sie wissen schon, nicht zu teuer, aber auch nicht so billig, daß man mit Pfusch rechnen muß?«

»Nicht direkt. Aber unsere ist nicht schlecht. Unser Mechaniker heißt Al. Er ist so ziemlich der beste, den ich kenne.«

Der Bursche macht einen einfältigen, treuherzigen Eindruck auf mich, offenbar hat er noch nicht viel Erfahrung. Frisch verheiratet, ein Kind, glaubt einen guten Job zu haben. »Verstehen Sie mich bitte nicht falsch, aber *Triple-A*-Werkstätten sind mir suspekt. Die wissen, daß sie einen in der Hand haben.«

»Eine andere Werkstatt kenne ich nicht«, sagt er. »Aber ich weiß, daß Sie bei uns fair behandelt werden und daß Al seine Sache gut macht. Ich bekomme kein Geld dafür, daß ich Ihnen das sage, und auch nicht dafür, daß ich Sie hinbringe.«

Ein Naivling. Wahrscheinlich ist ihm noch nie aufgefallen, daß er den Job nur hat, um Pannenfahrzeuge zu seiner Werkstatt zu schleppen. Andererseits – was macht das schon? Was kann so ein Radlager schon kosten, selbst wenn man mir zuviel berechnet? Mehr als in Blythe? Wohl kaum! Und wenn er schnell arbeitet, kann ich weiterfahren und spare die Übernachtung in Phoenix. Bis jetzt war alles glatt und planmäßig gelaufen. »Bringen Sie mich zu Ihrem Chef«, sage ich. »Die Sache muß erledigt werden.«

»Das wird sie bestimmt«, sagt er, »und Sie werden mit Al zufrieden sein. Er wird den Fehler finden und Ihnen auch noch sagen, was als nächstes kaputtgeht.«

»Klingt ja sehr vielversprechend.«

Der Fahrer des Abschleppwagens lacht. Er fährt recht ordentlich und selbstbewußt, es plärrt aus seinem Funkgerät, und dann biegt er an der Kreuzung zweier Freeways auf ein Werkstattgelände ein. Kaum sind wir da, wechselt er gerade noch ein paar Worte mit dem Mechaniker, der an seiner Montur einen ovalen

Aufnäher mit dem Namen »Al« trägt, und verschwindet dann schnell.

Al ist entweder vorzeitig ergraut oder ein sehr gesunder Mann über Sechzig. Er arbeitet an einem Cadillac und schließt gerade ein Starthilfekabel an die Batterie. Er jagt den Motor hoch, horcht und stellt ihn wieder ab. Dann dreht er ein paar Knöpfe am Ladegerät und klappt die Motorhaube halb zu. Ich könnte schwören, daß er ein Lied vor sich hinsummt, einen dieser heiteren Evergreens, die jeder in meinem Alter kennt, aber kein Geräusch kommt von seinen Lippen.

»Also«, sage ich, um ein Gespräch anzufangen.

»Sir«, sagt er und sieht mich mit fast geschlossenen Augen an, »nehmen Sie doch im Warteraum Platz, ich komme dann gleich zu Ihnen.«

»Kein Problem«, sage ich. Ich entferne mich nervös, denn ich bin immer nervös, nehme mir aber vor, geduldig zu sein, schließlich hat der Mann bestimmt jede Menge Arbeit und unzählige Kunden am Hals. Ich warte, sitze aber nicht im Warteraum, sondern laufe auf dem Werkstattgelände herum und lausche dem Klingeln, das von den Wagen ausgelöst wird, die hier zum Tanken vorfahren und von einem untersetzten, muskulösen Burschen bedient werden. Endlich taucht Al aus der Werkstatt auf, gelassen wie schon die ganze Zeit, geht zu meinem Wagen rüber und läßt den Motor an.

»Es ist das Radlager«, sage ich.

Er reagiert nicht. Er steuert den Wagen in eine der Boxen und bringt die Stahlarme der Hebebühne unter dem Fahrgestell in Position. Dann steht er auf, geht zur Schalttafel, legt den Hebel um und fährt den Wagen nach oben.

»Tolle Erfindung«, sage ich. »Als ich noch ein Kind war, hatte ein Nachbar von uns eine Grube, da ging eine Treppe runter. Er mußte immer eine Lampe mitnehmen. Es war aber trotzdem immer dunkel da unten, und alles voller Öl.« Al dreht an den Rädern meines Autos herum. »Wenn was an den Rädern war, mußte er den Wagen aufbocken.« Ich stelle mich neben den Reifen, den Al gleich abnehmen wird, um an das Radlager heranzukommen.

»Sir«, sagt er, »warten Sie bitte im Warteraum. Dort auf dem Schild steht, daß sich im Arbeitsbereich nur Angestellte aufhalten dürfen.« Um mir das zu sagen, unterbricht er gereizt seine Tätigkeit.

»Kein Problem«, sage ich. »Verstehe.« Man kann ja wirklich kaum arbeiten, wenn einem dauernd Leute im Weg rumstehen und einen ablenken. Ich würde genauso reagieren, wenn ich jeden Tag von morgens bis abends an diesen Autos arbeiten müßte. Also gehe ich in den Warteraum, wo alles, die zwei verschlissenen Sofas und der Tisch dazwischen, mit einem Schmierfilm überzogen ist. In der Ecke neben dem Zugang zur Werkstatt steht eine moderne Registrierkasse, das Plastikgehäuse glänzt noch wie neu; darüber hängt ein

Schild: WIR NEHMEN KEINE SCHECKS! Das Ganze war früher das Büro, jetzt ist es der Warteraum, in doppelten Anführungszeichen. Auf dem Tisch ein Haufen Zeitungen und ein Stapel Autozeitschriften. Ich lese die Zeitung von heute, bis Al hereinkommt.

»Glück gehabt, es ist nur das Radlager. Ich habe auch das auf der anderen Seite geprüft, aber das ist erst kürzlich repariert worden. Ich werde ein neues besorgen müssen. Hier ist der Kostenvoranschlag.« Er hat die Kosten auf einem Vordruck aufgelistet. Der Preis ist in Ordnung, höchstens Durchschnitt, eher noch darunter.

»Ist gut«, sage ich und unterschreibe. »Was glauben Sie, wie lange Sie brauchen werden?«

»Kann ich nicht sagen.«

»Nur so ungefähr. Plus minus, was schätzen Sie?«

»Kann ich nicht sagen.«

Das gefällt mir gar nicht. Daß er sich so anstellt. Als ob es ihm scheißegal ist, daß ich hier sitze und warte. Beinahe werde ich grob, sage dann aber nur: »Ich will's bloß wissen, damit ich notfalls was in die Wege leiten kann. Ein Zimmer in einem Motel besorgen, falls ich über Nacht bleiben muß.« Es ist zwar noch nicht spät, genaugenommen erst Nachmittag, aber alles ist möglich, es wäre ja nicht seine Schuld, wenn irgendein Ersatzteil schwer zu bekommen wäre, denn ich habe schon begriffen, daß er das Lager woanders erneuern lassen muß.

»Ich kann es nicht sagen, Sir«, erklärt er. »Alles braucht seine Zeit.«

Ein echter Philosoph. Ich widerspreche nicht. Der Wagen schwebt noch immer oben auf der Hebebühne, Reifen und Achsen sind abmontiert. Ich habe heute eine gute Strecke geschafft, und da kann ich es mir wohl leisten, etwas auszuspannen. Ich kenne ein ordentliches Motel, billig, mit Kabelfernsehen. Also lese ich die Zeitung zu Ende, dann sehe ich mir die Zeitschriften an, mache ein Weilchen die Augen zu, schlendere auf dieser Tankstelle in Phoenix herum.

Ich rede mit dem kleinen Muskelprotz, Namensschild Nick, der die Kunden bedient und das Geld für die Selbstbedienung kassiert. »Ihr Partner ist ja nicht gerade die Freundlichkeit in Person.«

»Al? Al und ich, wir kommen ganz gut miteinander aus. Wir sind beide aus Detroit, deshalb verstehe ich ihn.«

Das klingt vernünftig. Danach versuche ich nicht mehr, mit ihm ins Gespräch zu kommen. Er hat ohnehin genug zu tun. Statt dessen höre ich zu, wie Al sich mit einem Pärchen aus Georgia unterhält, jedenfalls dem Kennzeichen nach aus Georgia; die beiden sind mit einem fast neuen Wagen vorgefahren. Al hat die Motorhaube aufgeklappt, starrt hinein und fummelt an sämtlichen Schläuchen und Drähten herum. Die beiden stehen daneben und schweigen unbehaglich. Habe ich »zuhören« gesagt? Soll heißen: zusehen. Es werden keine denkwürdigen Worte ausgetauscht. Es geht nur um Zündschlüssel und Benzin, wie sich der Motor angehört hat, als der Ärger losging. Al verschwindet, die beiden flüstern. Es vergehen etwa zehn, fünfzehn Minuten. Er kommt wieder, sagt ihnen, was nicht in Ordnung ist, eine Steuerkette, diese Autos seien berüchtigt dafür, und die ganze Reparatur werde soundsoviel kosten, ziemlich viel. Er sagt es zwar nicht, aber man versteht deutlich, daß ihm der Wagen nicht gefällt, daß das die sprichwörtliche Rostlaube ist, doch ebenso deutlich ist auch, daß er sie nicht für sein Mißfallen an ihrem Auto bezahlen lassen will, daß der Preis nicht aus der Luft gegriffen ist, und er zeigt ihnen, wie vorhin mir, die Zahlen schwarz auf weiß. Er wartet kurz, ich kann nicht hören, was sie zu ihm sagen, aber dann geht er weg, und sie flüstern noch etwas und gehen zu einer Telefonzelle. Al sieht nicht noch einmal unter die Motorhaube. Sie steigen in ein Taxi und verschwinden so leise, wie sie gekommen sind.

Ich bin geduldig, ich bin auf eine lange Wartezeit gefaßt, aber dann kommt plötzlich ein kleiner ausländischer Lieferwagen mit quietschenden Reifen angefahren, und der Fahrer lädt meine alte Achse mit einem neuen Radlager ab. Im Handumdrehen. Al macht sich sofort an die Arbeit. Das heißt, auf seine Weise. Summt also einen dieser alten Songs vor sich hin. Jetzt bin ich freilich klüger. Aber er fängt sofort damit an. In die Tür des Warteraums gelehnt, sehe ich ihm zu, ohne einen Fuß in den verbotenen Arbeitsbereich zu setzen. Er schmiert die Achsen, setzt sie ein, zieht ein paar Schrauben an, dann sind die Bremstrommeln an der Reihe, schließlich die Reifen. Er kontrolliert die Schmierung der Hinterachse. Er stellt die Bremsen ein, während der Wagen noch oben ist. Systematisch, ohne Eile. Er läßt den Wagen herunter, verschwindet, kommt mit der Rechnung zurück. Dabei ist er so desinteressiert wie schon die ganze Zeit.

Ich habe eine Limo gekauft, und ich gebe ihm zwei Vierteldollar Trinkgeld. »Ich hätte Ihnen ein Bier ausgegeben, aber der Automatenfritze hat wohl vergessen, welches nachzufüllen. Ich kenne Ihren Geschmack nicht, also mußte ich raten.« Ich stelle die kalte Limo neben den Papierkram auf seinem Schreibtisch.

»Das ist doch nicht nötig, Sir. Nein, vielen Dank.«

Also gut. Ich zahle in bar. Keinen Zehner mehr, als er verlangt. Ich sage danke, lasse die Limo stehen und fahre los. Nicht zu glauben, wie früh es noch ist, wie wenig das gekostet hat, ich habe ja wirklich erwartet, viel mehr bezahlen zu müssen, schließlich bin ich unterwegs und so weiter, und daher beschließe ich, es ruhig angehen zu lassen und die Nacht hier zu verbringen. Als erstes kaufe ich einen neuen Reifen. Dann nehme ich mir ein Zimmer in dem Motel, das ich bereits erwähnt habe. Ich gehe in ein Restaurant mit Bar, trinke zwei Bier und mache Feierabend. Herrlich, bei laufendem Fernseher zwischen diesen frischen Motel-Bettlaken zu liegen. Ich nicke ein.

Ich wachte früh auf und fühlte mich großartig. Unterwegs genehmigte ich mir ein ausgiebiges Frühstück. Alles lief wie geschmiert. Ich breche gerne in der Morgendämmerung auf, und das tat ich auch jetzt. Muß schon sagen, es ist schön, frühmorgens durch Phoenix zu fahren. Das Licht gefällt mir, dieses rötliche Blau, gemischt mit Schwarz. Hübsch. Es ist auch schön, aus Phoenix rauszufahren. Ich kurvte jedenfalls gerade die Auffahrt hoch, als ich etwas hörte: klang wie Kies, der gegen die Unterseite des Wagens schlug. Dann wieder. Dann ein übles Geräusch, nicht wie Kies, sondern wie Motor, wie Getriebeteile, die plötzlich alle auseinanderfallen. Ich lenkte auf den Seitenstreifen. Die Ölanzeige leuchtete. Die Sonne ging auf. Der Motor wollte nicht mehr laufen. Ich ging zu dem Restaurant zurück, wo ich eben gefrühstückt hatte, nahm das Telefon und wählte die Nummer von *Triple-A.* Ich wartete ungefähr eine halbe Stunde, vielleicht auch fünfundzwanzig Minuten auf einen Abschleppwagen. Es war weder derselbe Fahrer noch derselbe Wagen, aber es war dieselbe Firma.

»Bringen Sie mich zu Als Werkstatt«, bitte ich den Fahrer; auch er ist jung und hat lange Haare, nur sind seine nicht so gepflegt, wahrscheinlich ist er nicht verheiratet und hat noch kein Kind.

»Ich kann Sie auch zu einer anderen Werkstatt bringen, wenn Sie wollen, die liegt etwas näher.«

»Nein, ich halte diesen Al für einen guten Mechaniker, und so einen brauche ich jetzt.« Ich fühle mich nicht allzu gut.

»In der anderen Werkstatt haben wir Hank. Der ist auch ein guter Mechaniker.«

»So gut wie Al?«

»Etwa. Praktisch gleich gut. Aber Al ist wirklich gut.«

»Bringen Sie mich zu Al. Zu dem habe ich Vertrauen.«

»Ja, Al läßt sich von keinem reinreden, aber gut ist er wirklich. Einer der Besten. Vielleicht *der* Beste.«

Mit einemmal fühle ich mich unausgeschlafen. »Es steht Ihnen bestimmt bis hier, dauernd diese kaputten Autos abzuschleppen. Und die Fahrer, immer deprimiert und nervös. Ich will gar nicht erst wissen, was mit dem Wagen los ist. Ich will es gar nicht erst hören. Ich weiß schon, daß es was Schlimmes ist.«

»Ach was, wir machen viele Leute glücklich. Einen Wagen starten, der nicht anspringen will, bei Reifenpannen helfen. Ihnen wird Al wahrscheinlich auch helfen können.«

Naiv, finden Sie nicht? Es geht doch nicht darum, ob er mir helfen kann oder nicht, sondern ob er einen Preis verlangen wird, den ich bezahlen kann. Ich habe wegen so was schon Autos verloren, zwei, um genau zu sein, zwei Autos, weil ich die Reparatur nicht bezahlen konnte. Beide Male ging es nicht darum, ob der Mechaniker fähig war – einen neuen Motor einbauen oder die Hinterräder einhängen kann schließlich jeder. Die Frage lautet: Lohnt es sich? Die Frage lautet: Wie viele Möglichkeiten habe ich so weit weg von zu Hause, von meinen Freunden, von meinem Werkzeug?

Als wir zur Werkstatt kommen, ist mir das ehrlich gesagt peinlich, und ich will gar nicht erst mit Al darüber sprechen, was mit dem Wagen nicht stimmt. Es ist noch sehr früh, aber er ist schon da, beugt sich unter die Motorhaube irgendeines Autos und summt eine mir unbekannte Melodie vor sich hin. Anscheinend frisiert er den Wagen bloß. Diesmal bin ich ziemlich nervös. Nicht bloß von dem Frühstückskaffee. Als er endlich mit dem Fahrer des Abschleppwagens über meine Panne redet, also ich weiß nicht, da kommt er mir irgendwie gereizt vor, so, wie wenn jemand sagt: *Was ist denn jetzt schon wieder?* So etwa. Und er geht auch nicht zu meinem Wagen. Sieht nicht zu mir rüber. Er wendet sich wieder seiner Arbeit zu, in derselben Haltung wie vorhin, nicht mehr, nicht weniger. Ich halte es kaum noch aus.

Habe ich gesagt, daß ich Phoenix nicht mag? Ich mag Phoenix nicht. Die Stadt hat irgendwas Seltsames. Man fragt sich, was die Leute überhaupt hierher zieht. Das Wetter, das Klima. Das weiß ich natürlich, ich weiß, daß deswegen all diese Leute aus dem Osten hierherkommen, daß deswegen in dieser Stadt so ein Betrieb ist. Ich kann es nachvollziehen, warum jemand in Arizona leben möchte, es ist schön hier, das Land jedenfalls, einsam und zerklüftet, aber das gilt nicht für Phoenix. Phoenix finde ich ungefähr so interessant wie diese Fernsehserie, die hier gespielt hat, die mit dem Restaurant, Sie wissen schon. Goldwater mag ich sehr, das heißt, ich meine jetzt nur den Mann mit diesem Namen, aber ich wette, daß er nicht in Phoenix lebt. Zum Beispiel hier diese Tankstelle. Was ist daran so Besonderes? Eine Tankstelle wie jede andere. Und die Umgebung? Anonyme Gebäude, eine amerikanische Flagge, nicht mal sonderlich groß, Palmen. Palmen? Phoenix ist nicht Hawaii, nicht einmal L. A. Und dann die Typen, die hier arbeiten. Overalls mit ihren Namen drauf. Und alle tragen sie Bärte. Und nicht mal interessante. Immer nur gepflegt und sauber getrimmt. Das sagt doch nichts aus. Nichts als langweilige Bärte und Bäuche und blaue Overalls.

Als Al dann mit dem Frisieren fertig ist, wendet er sich einem Wagen auf der Bühne zu. Irgendwas mit der Bremse. Na schön, es sind einige Wagen vor mir dran, ich muß warten, bis ich an die Reihe komme. Das kann ich verstehen. Trotzdem, er könnte ja mal kurz nachsehen, was mit meinem ist, und mir so ungefähr Bescheid sagen, damit ich notfalls was unternehmen oder planen kann. Ich finde, das verlangt doch einfach die Höflichkeit, wenn Sie mich fragen. Dann bringt ein anderer Abschleppwagen das nächste Auto. Al geht rüber, spricht mit dem Besitzer, klappt die Motorhaube auf, geht einmal rum, läßt den Motor anspringen, das heißt, er dreht den Zündschlüssel, dann läßt er das den Besitzer machen und sieht sich dabei den Motor an. Danach sagt er wieder etwas. Mich hat er völlig anders behandelt, vielleicht, ich weiß nicht, macht dieser Kunde tatsächlich einen besseren Eindruck als ich, Anzug und alles, ein neueres, ziemlich teures Auto, aber na und? Mein Geld ist genauso gut wie seins, gestern war mein Geld gut genug, und meine Kleidung war gestern auch nicht eleganter.

Als er mit dem Mann zu Ende geredet und der ihm eine Telefonnummer gegeben hat und sich von dem Abschleppwagen mitnehmen läßt, macht Al sich wieder an die Reparatur der Bremse. Jetzt bin ich sauer, was gelegentlich einmal vorkommen kann. Mein Wagen macht mir Sorgen, verstehen Sie, mein Geld macht mir Sorgen, mein Leben, und außerdem ist Freitag, morgen fängt das Wochenende an, und womöglich, wer weiß, wird der Wagen erst nach dem Wochenende fertig, obwohl ich ja einsehe, daß es vielleicht nicht zu ändern ist. Wahrscheinlich ist das eine ziemlich aufwendige Reparatur, falls ich die überhaupt da ranlasse. Man wird Ersatzteile besorgen müssen, das kann ich alles verstehen, und deswegen ist es doch nur vernünftig, was ich mir hier zusammendenke, von wegen Pläne machen und so.

Also gehe ich zu Al. »Was meinen Sie? Wann können Sie mit meinem Wagen anfangen?«

»Das kann ich nicht sagen, Sir.« Er sieht mich nicht mal an.

»Ich möchte nur wissen, wann Sie mir ungefähr sagen können, was mit dem Wagen nicht stimmt.«

»Sir, das kann ich nicht sagen. Alles braucht seine Zeit.«

»Hören Sie«, sage ich und beiße mir auf die wütende Zunge, »ich will doch bloß wissen, ob Sie sich meinen Wagen ansehen, wenn Sie mit dem hier fertig sind, in einer Stunde, in zwei. Ich muß mich drauf einstellen können.«

»Sir. Bitte. Ich kann es nicht sagen. Sie werden schon drankommen.« Er starrt mich an.

Ich kann es nicht glauben, aber was soll ich machen? Den Wagen woandershin schleppen lassen? Wohin? Und was das kostet! Mir sind die Hände gebunden, und ich weiß es. Was mir bleibt, ist nur der Haß auf Phoenix, der Haß aufs Warten.

Dazu, zum Warten, gehe ich wieder in diesen Raum. Ich höre den Männern mit den Bäuchen zu. Der einzige ohne Bart, Namensschild Nick, der Stämmige mit den Muskelarmen, der wie Al aus Detroit kommt, erzählt von dem Wächter im Gefängnis, der ihn heute morgen erst rauslassen wollte, wenn er sich sorgfältig rasiert hatte. Er hat gedacht, er habe sich sorgfältig genug rasiert, aber der Wächter ist ein Rassist und mag ihn nicht. Dann fragt er, ob er mittags eine Stunde extra haben könne, er müsse sich mal wieder die Hörner abstoßen. Eine ganz normale Bitte, und der andere mit dem blauen Hemd, Namensschild Rick, blickt nicht mal von der Zeitung auf, als er sagt: Warum nicht? Offenbar der Boß. Grauerer Bart, dickerer Bauch. Er spricht ein paarmal mit Al, unterbricht ihn, geht nicht zu den Zapfsäulen, kassiert nicht. Ich mache mich ihm bemerkbar.

»Wie ich sehe, ist Ihr Mann da beschäftigt, ganz allein, aber können Sie mir einen Gefallen tun? Mit ihm kann man ja nicht reden. Ich muß aber wissen, wann er sich meinen Wagen ansieht, damit ich mich drauf einstellen kann. Ich weiß nichts, muß ich mir ein Motelzimmer nehmen, muß ich noch Geld besorgen und so was alles. Ich brauche bloß eine ungefähre Zeitangabe, die Reparatur kann warten. Können Sie mir das vielleicht ungefähr sagen?«

»Klar«, sagt Namensschild Rick lässig. »Ich frag mal.« Keine dreißig Sekunden später ist er wieder da. »Innerhalb der nächsten Stunde.«

Keine Ahnung, warum Al mir das nicht selbst sagen konnte. Ich finde diese Einstellung gar nicht gut, und wie lange das alles gedauert hat, finde ich auch nicht gut. Aber ich gebe mir große Mühe, Geduld zu bewahren. Ich lege mir Pläne für alle Fälle zurecht. Ich gehe zu einer Telefonzelle und suche im Telefonbuch eine Bank, bei der ich Geld holen kann. Ich finde eine Adresse.

»Wie komme ich zur Van Buren 2400?« frage ich Rick, der immer noch Zeitung liest und jetzt ein pappiges Brötchen ißt oder wie man das nennt; das Zeug hat er an dem Imbißwagen gekauft, der eben vorbeigekommen ist. Bald fängt die Mittagspause an.

»Kommt drauf an«, sagt er oberschlau.

Es kommt mir vor, als würde ich arbeiten, so müde bin ich inzwischen. »Kommt drauf an?«

»Ja. Kommt drauf an.«

Ich warte, stelle aber fest, daß ich nachfragen muß. »Kommt drauf an. Worauf?«

»Ob Ost oder West. Ob East Van Buren 2400 oder West Van Buren 2400.« Für ihn ist das eine dumme Frage, der Unterschied liegt doch auf der Hand.

»Da muß ich noch mal nachsehen. Können Sie mir zu beiden den Weg erklären?«

Das kann er gut und sehr schnell. Ich habe Angst, noch mal nachzufragen, also nehme ich mir vor, bei der Bank anzurufen und mir den Weg am Telefon erklären zu lassen, aber dann sehe ich, daß Al meinen Wagen in die Werkstatt schiebt. Ich denke nicht daran, ihm zu helfen. Dafür hilft ihm das Muskelpaket.

Ich sehe ihm zu. Er läßt den Motor an, und das freut mich schon mal, macht mich richtig glücklich, denn das bedeutet, daß ich den Motor doch nicht völlig ruiniert habe. Demnach muß es das Getriebe sein oder irgendwas anderes. Al horcht. Ich stelle mich wieder in die Tür des Warteraums und horche ebenfalls. Dann läßt er den Wagen nach oben schweben. Er baut die Gelenkwelle aus, dann das Getriebe, arbeitet am Getriebegehäuse, nimmt auch das heraus, bis nur noch die Kupplungsscheibe übrig ist. Er verschwindet. Fünfzehn Minuten später kommt er mit seinem Formular in den Warteraum.

»Die Kupplungsscheibe war verkehrt eingebaut. Sie brauchen eine neue. Außerdem haben sich im Getriebegehäuse Steine angesammelt. Ein paar Schrauben sind abgebrochen, wahrscheinlich weil der, der die Kupplung eingebaut hat – sie war noch nicht alt, aber jetzt ist sie hin –, die Lagerschale, also die Getriebehalterung falsch eingesetzt hat und das Ganze sich deswegen verzogen hat.«

Er zeigt mir den Kostenvoranschlag. Unglaublich, wie wenig das kosten soll, jedenfalls ist es vollkommen akzeptabel. Das würde ich auch zu Hause bezahlen, in Werkstätten, die ich kenne, und für die Arbeitszeit hat er bloß zwei Stunden angesetzt, dabei ist er schon seit einer Stunde dabei. Ich unterschreibe bereitwillig. »Wie wär's mit einem Bier? Ich bin so glücklich! Ich zieh mal kurz los und kaufe ein Sechserpack. Welche Sorte soll's denn sein?«

»Das ist nicht nötig.«

Nein, es ist schlimmer. Er will nicht, daß ich ihm was hole, das spüre ich. Vielleicht mag er mich nicht, Typen wie mich, meine Hautfarbe, meine Kleidung, meine Augen, meine Nase, mein auswärtiges Kennzeichen, meine Aussprache. Aber wen kümmert das? Mich nicht! Reparier meinen Wagen, dann bin ich weg, für immer.

Jetzt muß ich nur noch warten. Es ist Mittagspause. Daß Al aus Detroit kein Bier trinken will, hindert mich doch nicht, mir ein paar zu genehmigen, und wenn ich zurück bin, ist er vielleicht schon fertig. Also gehe ich rüber in eine Bar und hocke mich an den Tresen. Der Laden ist nichts Besonderes, ein Treffpunkt reichlich unattraktiver Typen, die das von sich selbst allerdings nicht behaupten würden, Leute beiderlei Geschlechts, die schwer auf Jeansjacken und Ohrringe stehen. Aber Bier ist Bier, und ich genehmige mir zwei. Ich ignoriere das Treiben, das ich mir im Spiegel ansehen könnte, die ganze Knutscherei hinter mir.

Das ist meine Mittagspause. Die Stunden ziehen dahin, mein Auto schwebt noch immer da oben, und allmählich gibt mir das zu denken.

»Also, hm, was glauben Sie, wann Sie mit meinem fertig sind?« frage ich Al.

»Das kann ich nicht sagen, Sir.«

Ich begreife nicht, was er hat. Der Mann gefällt mir, mal von seinem Benehmen abgesehen. Ich begreife nicht, was er gegen mich haben könnte. Oder liegt es an meinem Auto? Vielleicht ist es ihm zu schäbig, um sich damit abzugeben? Na schön, ich und mein Freund haben das nicht ganz richtig gemacht. Das ist Jahre her, wir hatten Bier dabei getrunken, und immerhin ist der Wagen ziemlich alt, fast schon eine Rarität – wer hätte gedacht, daß er überhaupt so lange durchhält? Oder ist es etwa der Gesamteindruck: ich, mein Auto, mein Äußeres? Vielleicht meint er, ich mache was falsch. Vielleicht meint er, ich sollte einen neueren Wagen fahren, Raten für Haus und Auto zahlen, einen Bürojob haben, ein weißes Hemd und eine Krawatte tragen oder wenigstens wie er irgendeine Uniform mit einem Namensschild. Vielleicht beneidet er mich, glaubt, ich führe ein freies Leben, trinke Bier, fahre mit auswärtigen Kennzeichen in sämtlichen Bundesstaaten herum und vergnüge mich mit Mädchen. Vielleicht ist er nicht verheiratet und möchte es gerne sein. Vielleicht ist er verheiratet, aber unglücklich. Vielleicht hat er eine Tochter, oder zwei oder mehr, und meint, Typen wie ich sind an allem schuld. Vielleicht ist er bloß ein Blödmann, der nie gelernt hat, keiner zu sein.

»Hören Sie, ich will das doch nur wissen, damit ich mich drauf einstellen kann. Können Sie das nicht verstehen?«

Diesmal sieht er mich beinahe böse an. »Sir, alles braucht seine Zeit. Ich kann es nicht sagen.«

Jetzt bin ich wütend. Ich finde das nicht richtig. Ich finde das unhöflich, gehässig, rücksichtslos, unsachlich. Und dann fällt mir *Triple-A* ein.

Ich rufe dort an. Die Frau am anderen Ende hört mir verständnisvoll zu und ist ganz meiner Meinung.

»Ich halte ihn für einen guten Mechaniker, aber wie er mit den Kunden umspringt, ist einfach nicht zu entschuldigen. Sie sollten mal ein kleines Experiment machen und jemand herschicken, dann sehen Sie selbst, was ich meine. Ich habe meinen Wagen hierher schleppen lassen, weil das eine Ihrer Vertragswerkstätten ist, und ich finde, ich darf erwarten, nun ja, höflich und professionell bedient zu werden.«

»Ich bin ganz Ihrer Meinung, Sir.«

»Das freut mich. Tun Sie mir aber bitte einen Gefallen. Ob es was nützt oder nicht, geben Sie meine Beschwerde nicht heute weiter. Ich habe jetzt meinen Wagen hier, ich kann ihn nicht woanders hinbringen, und ich möchte auf keinen Fall, daß deswegen die Arbeit an meinem Auto aufgeschoben wird. Ich finde nur, Sie sollten dieser Werkstatt einen Verweis erteilen, damit anderen Kunden in ähnlichen Situationen dieser Ärger erspart bleibt.«

»Ich danke Ihnen, daß Sie mir davon berichtet haben, Sir.«

»Kein Problem. Ich habe zu danken.«

Es ist jetzt später Nachmittag, und Al hat sich wieder mal meinen Wagen vorgenommen; eine neue Kupplung ist gebracht worden, er baut sie ein. Bald kann ich losfahren, ich komme doch noch hier weg. Dann wirft er fluchend was hin und verschwindet für die übliche Zeitspanne, um schließlich mit der Metallgabel wieder aufzutauchen, die das Kupplungsdrucklager trägt.

»Wer auch immer Ihre Kupplung erneuert hat, hätte das hier auch erneuern sollen. Ganz schlampige Arbeit. Jetzt muß ich eine neue besorgen. Das kostet so viel mehr.«

Er zeigt mir die Zahlen auf dem Papier. Keine längere Arbeitszeit, nur dieses Ersatzteil. Ich nicke. Ich möchte ihn fragen, wie er da rankommen will, denn ich weiß, das wird nicht einfach sein, schließlich ist das Auto ein seltenes Modell und so weiter. Ich tu's. »Können Sie das besorgen?«

»Das kann ich nicht sagen, Sir.«

Wie lange es dauern wird, frage ich gar nicht erst. Ich kenne die Antwort. Ich warte. Noch zwei Stunden in diesem Raum. In Phoenix. Das ich hasse. Ich traue mich nicht einmal, das Radio anzumachen, denn ich habe es in den Tagen, die ich hier warte und warte, noch nie spielen gehört. Dann ist Al wieder an meinem Wagen zugange. Setzt Teile ein und schraubt. Es ist halb fünf, als er die Gelenkwelle einbaut und endlich die Bühne runterfährt. Er läßt den Motor an. Wieder dieses entsetzliche Geräusch. Wie Steine, die zermahlen werden. Dasselbe Geräusch, das mich per Abschleppwagen hierhergebracht hat. Al hört es sich einige Male an. Es ist so häßlich, daß er hinterm Steuer Flüche ausstößt. Ich, ich denke mal wieder ans Geld und wo ich übernachten soll, ob ich die Kosten der Reparatur zahlen oder das Geld sparen und einfach weggehen soll, ich denke an mein Leben. Ich bin müde. Mir tun die Beine so weh, als hätte ich selbst den Wagen den ganzen Tag lang da oben festgehalten.

Al spricht nicht mit mir. Er läßt den Wagen wieder hochschweben und nimmt ihn von neuem auseinander, bis hin zur Kupplungsscheibe. Ich erkundige mich gar nicht erst, ich weiß, ich werde mindestens noch einen Tag in Phoenix bleiben, und mache mir große Sorgen, wie lange er dafür brauchen wird und was an zusätzlichen Kosten auf mich zukommt. Ich fürchte, daß er sagt: Vergessen Sie's, ich mach Schluß für heute, jetzt ist Wochenende, der Wagen ist im Eimer, viel Glück, Wiedersehen. Und ich schulde denen trotzdem Geld, das für mich auch nicht auf den Bäumen wächst.

Alle anderen sind nach Hause gegangen, bis auf Al und seinen Detroiter Freund, der mit den Muskelarmen und der Gefängnisstrafe, Namensschild Nick.

»Nicht zu fassen«, sage ich zu ihm. »Ich dachte, er wäre fertig. Und jetzt fängt er wieder von vorne an.«

»Passiert schon mal«, sagt Nick.

»Der arbeitet seit heute morgen an meinem Wagen. Die Karre muß ihm doch schon bis hier stehen.«

»Das kommt schon mal vor.«

»Ich fürchte, es ist doch was anderes, und jetzt muß er noch mal ganz von vorn anfangen zu suchen.«

»Ich kenne Al. Er wird den Fehler finden.«

Nick stört sich offenbar weder daran, wie spät es ist, noch am Arbeitseifer seines Freundes Al, er tut meine Befürchtungen mit einem Achselzucken ab wie ein bißchen Kleingeld.

Was kann ich machen? Ich bleibe da. Sehe aber nur von weitem zu, denn ich habe ein schlechtes Gewissen wegen Al, der immer noch da drinnen arbeitet, und zwar, wie ich glaube, an der verkehrten Stelle; nicht daß er was falsch macht, aber da muß noch was anderes sein, und das will er nicht einsehen. Das Licht in Phoenix ändert sich. Es ist so schön wie am Morgen, der Himmel rosa und blau, davor die schwarzen Silhouetten der Palmen, die Flagge schlaff in der angenehmen Abendluft. Am hellsten ist es in der Werkstatt, wo Al noch immer an der Unterseite meines Wagens arbeitet, und während es draußen immer dunkler wird, wird es dort drinnen immer heller. Al macht weiter, systematisch, ohne Eile, in gleichmäßigem Tempo. Nick schließt eine der Zapfinseln. Ich beschließe, mir nun doch ein Zimmer zu nehmen, ich habe nicht vor, noch in dieser Nacht weiterzufahren, selbst wenn er in den nächsten Stunden fertig werden sollte, womit nicht zu rechnen ist. Aber ich werde ihm nicht sagen, daß er aufhören soll, ich werde ihm überhaupt nichts sagen und diesen verbotenen Arbeitsbereich nicht betreten. Ich gehe in dieses eine Motel in der Nähe. Es ist ziemlich billig, sogar noch billiger, um ehrlich zu sein, aber ich kriege das beste Zimmer, das Zimmer, in dem kein Fenster kaputt ist – es ist das einzige in dieser Art, erklärt mir die Besitzerin oder Managerin oder Angestellte oder was auch immer sie sein mag. Nun ja, es ist schwer zu beschreiben, aber allein der Gestank, die Flecken auf dem Bettvorleger, und ich rede jetzt nur von den schlimmen, nicht von all den anderen, und dann noch die auf dem Überzug der Sprungfedermatratze, also das alles erwähne ich, weil es das ist, was mir gezeigt wurde, all das also erinnert mich an Lokalitäten, die schlimmer waren als die, wo die Leute in der Kneipe ihre Jacken aufhängen, trotzdem gehe ich rüber. Das Zimmer ist teurer, kostet mehr als das, in dem ich gestern nacht geschlafen habe, aber immerhin gibt es auch hier Kabelfernsehen, und an den Gestank – irgendein Teppichreinigungsmittel oder Insektengift – werde ich mich wohl gewöhnen können, ansonsten ist es ja nicht allzu schlimm. Ich nehme es, bezahle, mach die Glotze an, gehe eine halbe Stunde später zur Werkstatt zurück und sehe schon von weitem, aus zwei Blocks Entfernung, daß Al noch immer da ist, noch immer arbeitet, der Wagen noch immer oben ist.

»Ich habe Angst, mit ihm zu reden«, sage ich zu Nick. »Nicht zu fassen, daß er immer noch daran arbeitet.«

»Der gibt nicht auf. So ist er nun mal.«

»Hier ist die Nummer von meinem Motel. Er kann mich anrufen, wenn er mich braucht.«

»Alles klar.«

Ich gehe zurück. In einem Laden gegenüber kaufe ich mir Donuts und Milch. Dann sehe ich eine halbe Stunde fern. Ich muß zurück. Wieder die zwei Blocks. Eigentlich brauche ich gar nicht hinzugehen, ich sehe ihn schon vom Eingang des Motels aus drinnen arbeiten. Aber ich gehe trotzdem, stelle mich in den Warteraum, nicht zu nah an die Tür, die in die Werkstatt führt. Ich glaube nicht, daß er mich sieht, und ich gehe keineswegs dahin, damit er mich sieht, es treibt mich dazu. Beim vierten Mal sehe ich, daß er alles wieder zusammenbaut. Ich ziehe mich noch weiter zurück und beobachte ihn. Er läßt den Wagen runter. Wieder dieses Geräusch, schon weniger bedenklich, aber noch das gleiche, und beim Schalten knirscht das Getriebe. Er fährt den Wagen wieder nach oben, baut die Gelenkwelle aus, das Getriebe, ich kann den quälenden Anblick nicht mehr ertragen und gehe unglücklich, erschöpft und voller Schuldgefühle ins Motel zurück. Noch ein paar Stunden. Nick ist jedesmal mit was anderem beschäftigt, prüft die Benzinpegel, fegt eine Ecke aus, wäscht irgendwas und nimmt Als Plackerei anscheinend genauso gleichgültig hin wie dieser selbst.

Es ist zehn Uhr, kurz nach zehn. Im Fernsehen laufen die Regionalnachrichten. Ich gehe zur Werkstatt. Al schraubt die Gelenkwelle fest. Dann läßt er den Wagen runter. Geht zur Tür. Dreht den Zündschlüssel. Der Motor springt an. Kein häßliches Geräusch. Kein Knirschen beim Schalten. Er jagt den Motor hoch, schaltet noch mehrmals die Gänge durch, dann läßt er es gut sein. Er klappt die Motorhaube auf. Prüft noch mal alles durch. Er kontrolliert die Batterie, füllt Wasser nach, ölt die Verbindungen, dann klappt er die Motorhaube zu. Er verschwindet für die übliche Zeitspanne und kommt dann mit seinem Zettel zu mir.

Es ist der Preis, den er mir vorhin genannt hat, kein Cent mehr. Ich sehe, daß er sich die Hände gewaschen hat, aber sonst hat er bestimmt nichts an sich verändert, und trotzdem ist kein einziges graues Haar an seinem Kopf und Bart in Unordnung, verschmiert oder verschwitzt. Sein Detroiter Freund, der mit den Muskelarmen, der mit der Gefängnisstrafe, Nick, fegt den Warteraum aus, wo ich in bar bezahle. Die beiden wechseln kein Wort miteinander.

»Bewundernswert, daß Sie nicht aufgegeben haben«, sage ich. »Sie müssen doch kurz vorm Verhungern sein.«

»Von so was lasse ich mich nicht unterkriegen«, sagt er gesprächig.

»Das kann man wohl sagen.« Ich bedanke mich und setze rückwärts aus der Werkstatt. Ich biege auf die Straße ein, fahre aber an meinem Motelzimmer vorbei, um den Wagen zu testen. Er läuft so gut wie noch nie, noch niemals, seit ich ihn besitze, hat er sich so reibungslos schalten lassen.

Romeros Hemd

Juan Romero, ein Mann wie viele andere in diesem Land, hatte Jobs in Fabriken, Geschäften und Kaufhäusern. Er hat Häuser angestrichen, Gräben ausgehoben, Bäume gepflanzt, gehämmert, gesägt, geschraubt, Rohre verlegt, Baumwolle und Chili und Pekannüsse geerntet und für all das seinen Lohn erhalten. Nebenher hat er geheiratet und seine Kinder großgezogen und es vor einigen Jahren endlich so weit gebracht, daß er die Raten für das Haus, in dem er mit seiner Familie lebt, bezahlen kann. Bis es ihm ganz gehört, werden noch zwanzig Jahre vergehen. Es ist, selbst für die Verhältnisse in El Paso, ein bescheidenes Haus. Das Gebäude sieht aus wie ein mexikanisches Lehmziegelhaus, ist aber aus Stein gebaut und weiß gestrichen, nur daß die Farbe allmählich abblättert oder vom Gemäuer aufgesaugt wird. Das Haus hat zwei Schlafzimmer, einen Anbau, der ebenfalls zum Schlafen benutzt wird, einen kleinen Eßbereich, ein Wohnzimmer, eine Küche, ein Badezimmer und eine Garage, die er eines Tages auch noch zu einem Wohnraum umbauen will. Das Haus steht mit vielen anderen in einer Neubausiedlung an einer befestigten Straße, wirkt aber dennoch so, als hätte es zweitausend Quadratmeter Grundstück für sich allein. Vorne im Garten wachsen Kakteen – Nopals, Ocatillas und Agaven –, dazwischen hohes Unkraut mit gelben Blüten, die ihre Samen in dornenharten Kletten verkapseln. Der Rest ist nackte Erde mit Steinen in allen Größen, von denen einige zu einem schmalen Pfad zusammengelegt sind, der über den geebneten Boden zur Veranda führt – wo unter einem mit Schindeln gedeckten und schlicht gezimmerten Vordach ein Holzstuhl und ein Sofa stehen, über letzteres ist eine alte Tagesdecke gebreitet, das beinlose Gestell steht auf dem roten Zement. Früher sah man von der Veranda auf Eichen. Zwei davon sind nur noch ausgedorrte Stümpfe; die dritte hat noch ein paar Äste, die Blätter hervorbringen können, doch bei so vielen Amputationen steht ihre Zukunft unumstößlich fest. Romero läßt selten Wasser durch den Gartenschlauch laufen, dabei machen einige Grasflecken hinten im Garten beinahe einen gepflegten Eindruck, zumindest auf ihn, wenn er sie bewässert. In einer Ecke seines Grundstücks, vorn, direkt am Bürgersteig, steht eine Zederzypresse, Romeros einziges saftig grünes Gewächs, und da er nicht will, daß es gelb wird und stirbt, gibt er sich damit besondere Mühe, spritzt den Staub ab und stutzt es regelmäßig zurecht.

Heutzutage bezeichnet sich Romero als Mädchen für alles. Er macht Gelegenheitsarbeiten, und so annonciert er auch – »kein Job zu gering« – in der Wegwerfzeitung. Er tapeziert und setzt Türen ein, er streicht an und verlegt Teppichböden, er macht so ziemlich alles, was irgend jemand von ihm verlangen könnte. Das bringt ihm nicht viel ein, und manchmal ist es fast zu wenig, aber er ist sein eigener Chef, und früher hatte er so viele schlechte Jobs, auf die noch weniger Verlaß war, daß er mit dem jetzigen Zustand zufrieden ist. Früher einmal hatte Romero mehr verdienen wollen, und er hatte geglaubt, dies einfach durch Arbeiten erreichen zu können, aber so sehr er sich anstrengte, seine Kinder wurden immer noch im Bezirkskrankenhaus geboren. Selbst Jahre später mußte sein ältester Sohn sich dort wegen einer ernstlichen Erkrankung behandeln lassen, weil Romero sich ein Privatkrankenhaus nicht leisten konnte. Er versuchte sich nicht daran zu stören, womit er sein Geld verdiente. In Mexiko, wo seine Eltern geboren waren und er den größten Teil seiner Jugend verbracht hatte, war so vieles unerreichbar, und jede Arbeit, die Essen, Kleidung und Wohnung finanzierte, wurde in Ehren gehalten – nach den dortigen Maßstäben führte Romero ein gutes Leben. Aber hier war eben nicht Mexiko, und wenngleich es auch hier manche gab, denen es noch schlechter ging, so gab es doch viele, die es besser getroffen hatten und mehr besaßen, und nur allzu häufig schämte sich der junge Romero dessen, was er als sein Versagen betrachtete. Aber auch er wurde schließlich älter. Er sah es so: Er lebte nicht in Armut, und am Ende begriff er, daß er immerhin *hier* lebte, daß er und seine Familie hier bleiben würden. Das Leben in El Paso war wie das Land – hart, aber man konnte mit dem Vorhandenen auskommen.

Genau wie früher seine Eltern fand Romero jetzt, dies sei ein schöner Ort zum Leben.

Doch manche seiner Bekannten zogen fort – nach Houston, Dallas, Los Angeles, San Diego, Denver, Chicago –, und wenn sie im Urlaub nach El Paso kamen, brachten sie Geschichten von hohen Löhnen und mancherlei Anschaffungen mit. Und immer mehr Leute kamen in Lumpen über den Fluß und nahmen Arbeit an, seine Arbeit, zu jedem Preis. Romero mußte sich ständig zusammenreißen und sich an die Vergangenheit erinnern, daran, wie seine Eltern gelebt hatten; er mußte lernen, dankbar zu sein für das, was er erreicht hatte. Sein Auto zum Beispiel, das er bereits seit Anfang Zwanzig besaß. Dreimal hatte er es in dieser Zeit neu lackieren lassen, und er pflegte es mit solcher Hingabe, daß es auch jetzt noch in einem so guten Zustand war, wie irgendein Auto nur sein konnte. Seinen Kindern versuchte er mehr zu bieten – eine Kollektion von Kleidern für seine Tochter, jede Menge Spielzeug für seine Söhne. Seiner Frau schlug er nichts aus, aber sie verlangte auch nicht viel. Für ihn selbst blieb wesentlich weniger. Er besaß ein paar Arbeitsklamotten und T-Shirts, die er bei seinen Jobs trug, und eine Reihe, wie er fand, ganz guter Hemden, die noch aus der Zeit vor dem Auto stammten. Er hatte ein schönes Paar maßgefertigter Schuhe, die er sorgfältig pflegte, und im Schrank hing eine Hose, die er nur zu Hochzeiten, Taufen und wichtigen Messen trug. Er besaß zwei

Jacken, eine mexikanische aus Leder und für kalte Arbeitstage eine warme aus Nylon. Und er besaß ein kariertes Wollhemd, sein Lieblingskleidungsstück, das er sich direkt nach dem Auto und kurz vor der Hochzeit angeschafft hatte, weil es nicht nur praktisch war, sondern auch wirklich gut aussah. Das trug er ständig und überall im Vertrauen darauf, daß es von jedermann als elegant und angemessen betrachtet werde.

* * *

Romeros Haus lag keine drei Kilometer von der Grenze entfernt, und am Ende der unbefestigten Straße, die neben seinem Grundstück entlangführte, konnte er die Wüste und die Berge von Mexiko sehen. Diese Straße war eine der wenigen in der Stadt, die noch nicht asphaltiert waren. Romero gefiel das, trotz der Ablaufprobleme nach schweren Regenfällen wie dem von gestern. Nachts war dem Regen ein heftiger Sturm gefolgt, und heute war die Luft so rein, daß er mühelos die Häuser von Juárez erkennen konnte. Die Sonne schien, aber ein leichter Wind bewegte ihn, sein Lieblingshemd anzuziehen, bevor er den Wagen neben dem Haus parkte und den Gartenschlauch herbeizog, um ihn zu waschen – eine Beschäftigung, der er sich immer noch mit großem Vergnügen hingab. Das hatte er gut im Griff: Er benutzte dafür einen besonderen Eimer und einen besonderen Schwamm, und er nahm warmes Wasser aus der Küche. Als er den Wagen einzuseifen begann, fürchtete er, die Ärmel seines schönen Hemdes könnten naß werden, und als ihm dann von der Bewegung warm geworden war, meinte er, ein T-Shirt würde reichen. Also zog er das Wollhemd aus und hängte es deutlich sichtbar an die Zederzypresse nicht weit von ihm in der Ecke des Grundstücks. Er dachte, wenn er es dort immer vor Augen hätte, könnte er es nicht vergessen – wenn man draußen etwas vergaß, war es verloren. Sein Haus befand sich in der Nähe einer Schule, und ständig kamen Teenager und andere Fußgänger vorbei – und viele der Leute, die auf dem Bürgersteig vor seinem Haus herumlungerten hatten keine Arbeit.

Als er den Wagen gewaschen hatte, ging Romero ins Haus und holte das Autowachs. Den Wagen einzuwachsen war auch so etwas, das ihm immer noch Spaß machte, besonders an einem Wochentag wie heute, wenn er für sich allein war, wenn der Rest der Familie nicht zu Hause war. Er hätte schneller arbeiten können, aber er ließ sich Zeit, verteilte das Wachs mit einem feuchten Tuch, wartete und wischte dann mit einem trockenen Lappen nach. Als er mit der Karosserie fertig war, stieg er ein und wachste das Armaturenbrett, sammelte den Schmutz vom Boden und räumte das Handschuhfach auf. Dann holte er eine Zange aus dem Werkzeugkasten in der Garage und machte mit Draht das hintere Kennzeichen wieder fest, das eine

Schraube verloren hatte und bedenklich schräg nach unten hing. Dabei fielen ihm andere Dinge ein, die er noch tun könnte, zum Beispiel die Zederzypresse stutzen. Nur daß seine alte Gartenschere kaputtgegangen war und er noch keine gebrauchte hatte auftreiben können; eine neue kam für ihn nicht in Frage.

Ein alter Mann kam auf ihn zu. Er hatte einen Rechen, eine Harke und einige Scheren dabei und fragte Romero, ob er irgendwelche Gartenarbeiten für ihn erledigen könne. Nach dem Frühling wucherte in vielen Gärten das Unkraut, aber in der jetzigen Jahreszeit schien diese Frage reichlich dumm, zumal in Romeros Garten ohnehin nur ganz selten etwas zu tun war. Trotzdem hörte Romero dem Alten zu. Da vorne sei noch ein wenig Unkraut zu beseitigen, auch könne er den Boden harken und den Strauch beschneiden, und hinterm Haus gäbe es wahrscheinlich auch noch manches zu tun. Normalerweise reagierte Romero recht schroff auf solche Angebote, doch da ihm der alte Mann ungewöhnlich und sympathisch erschien, hörte er ihm zu und fragte schließlich, wieviel er für alle diese Arbeiten verlangen würde. Der Alte dachte so schnell, wie er sprach, und nannte ihm sofort eine Zahl. Zehn. Romero wiederholte die Zahl mit einem Fragezeichen, und der Alte gab nach, acht, sagte er, sieben. Romero fragte, ob das für die gesamte Arbeit gelte. Ja, Sir, sagte der alte Mann aufgeregt, weil er anscheinend einen Kunden an der Angel hatte. Romero fragte, ob er für drei Dollar die Zypresse stutzen würde. Der Alte betrachtete enttäuscht den Strauch, besann sich aber gleich eines Besseren. Okay, okay, sagte er, aber ich bin schon den ganzen Tag unterwegs, können Sie mir was zu essen geben? Und er rieb sich das gestreifte Baumwollhemd überm Bauch.

Romero, dem der Alte gefiel, erklärte sich einverstanden. Er sagte ihm, er solle an der Form des Strauchs nichts ändern, er solle ihn gleichmäßig stutzen und rundherum nur ein wenig wegnehmen, wie ein Friseur. Dann ging Romero ins Haus, machte Rührei mit Chili und Käse für sie beide und füllte das Ganze in Tortillas. Dann ging er mit einem Bier wieder nach draußen.

Der alte Mann war ihm sehr dankbar, aber da seine Dankbarkeit ihn von der Arbeit abhielt – er hätte stundenlang von seiner kleinen Ranch in Mexiko erzählen können, von seinen mickrigen Truthähnen und seinem Schwein –, entschuldigte sich Romero und ging ins Haus. Der Alte dankte für das Essen und machte sich, sobald er das Bier ausgetrunken hatte, ernsthaft an die Arbeit. Er nahm seine stumpfe Schere, schärfte sie, wenn man das so nennen kann, an einer Steinmauer, hüpfte und sprang um den Strauch herum und schnippelte wild drauflos. Der Anblick machte Romero solchen Spaß, daß er drinnen wie gebannt am Fenster stand und ihm zusah.

Die Arbeit war bald getan, und als der Alte die abgeschnittenen Zweige zusammenharkte, ging Romero raus und gab ihm fünf Dollar. Der Tanz des alten Mannes in der ausgebeulten karierten Hose um den Strauch war ihm inspirierender erschienen als manche religiöse Handlung, und zwei Dollar extra waren ein geringer Preis für das Erlebnis, diese alten Augen aufleuchten zu sehen wie die eines kleinen Jungen.

Der alte Mann war so erfreut, daß er Romero einlud, auf seine kleine Ranch in Mexiko zu kommen und Aguardiente mit ihm zu trinken. Vielleicht würde Romero ihm auch einen Truthahn abkaufen – die seien zwar mager, ließen sich jedoch mästen –, aber auf jeden Fall könnten sie sich eine Flasche Tequila mit süßen Limonen schmecken lassen. Der glückliche Alte schwor ihm, er käme unter allen Umständen wieder, er könne noch vieles tun für Romero und sein schönes Zuhause. Er schwor, schon bald wiederzukommen, vielleicht in einer oder zwei Wochen, denn im Garten hinterm Haus gäbe es doch bestimmt noch einiges zu erledigen.

Romero war es nicht gewohnt, sich so wohltätig zu fühlen. Er hatte so viele Enttäuschungen erlebt, so oft über die Schwierigkeiten des Lebens nachgedacht, daß er hart geworden war und sich vor Mitgefühl und Großzügigkeit stets in acht nahm. Und zwar so sehr, daß er auch mit Worten sparsam umging, sogar gegenüber seiner Familie. Seine Frau pflegte den Kindern zuzuflüstern, das käme daher, daß er so müde sei, und weil das nicht ganz verkehrt war, akzeptierte auch er dies als Erklärung. Damit war er jene Sorge los und brauchte auch nicht darüber zu diskutieren, warum er gern an Wochenenden arbeitete und sich lieber einen Tag in der Woche frei nahm, so wie heute. Nun aber hatte ihn ein alter Mann dazu gebracht, daß er Frau und Kinder herbeisehnte, weil er ihnen genausoviel und noch *mehr* geben wollte, damit auch sie so um ihn herumtanzten – er hatte so etwas zu selten erlebt –, und er nahm sich fest vor, heute abend in Juárez mit ihnen essen zu gehen. Vielleicht konnte er sie sogar überreden, sich einen oder zwei Tage frei zu nehmen und mit ihm zusammen seinen Onkel in Chihuahua zu besuchen, was er ihnen vor vielen Jahren einmal versprochen hatte – vor so vielen Jahren, daß sie sich wahrscheinlich gar nicht mehr an den Ort erinnern konnten und eher nach San Diego oder Los Angeles wollten. Dann würde er eben dorthin mit ihnen fahren! Eine ganze Woche lang, mochte es kosten, was es wollte. Das konnte doch nicht so teuer sein, und wenn man jemanden schon mit ein paar Tacos und einem Fünf-Dollar-Schein glücklich machen konnte, dann war es reichlich dumm von ihm gewesen, ihnen das Glück so lange Zeit vorzuenthalten.

Romero fühlte sich so gut, so leicht ums Herz, daß er sich zu einem Nickerchen aufs Sofa legte. Als er aufwachte, fiel ihm als erstes sein Hemd ein: daß es schon vor dem Auftauchen des Alten verschwunden war – er erinnerte sich, wie sie vor dem Schneiden um den

Strauch herumgegangen waren. Trotzdem wurde Romero den Gedanken nicht los, daß der Alte es mitgenommen haben könnte. Und da er nie etwas davon gehalten hatte, sich auf jemanden wie diesen alten Mann einzulassen, solchen Leuten nachzugeben, wurde ihm die ganze Sache suspekt. Vielleicht war das alles nur ein Trick des Alten gewesen, um an sein Hemd, etwas Essen und Geld zu kommen. Das jedenfalls ging Romero durch den Kopf. Zwar hoffte er noch, daß er das Hemd irgendwo anders hatte liegenlassen, daß ihm bloß sein Gedächtnis einen Streich spielte – er ging nach draußen und wieder hinein, sah überall zweimal nach und dann noch ein drittes Mal –, doch sein Zynismus war wieder in allen Farben aufgeblüht.

* * *

Bedenken Sie, es war sein Lieblingshemd, er hatte nie daran gedacht, es durch ein neues zu ersetzen. Der erlittene Verlust ging Romero nicht aus dem Kopf, wenngleich ihm durchaus bewußt war, daß er keinen Sohn, keine Tochter, keine Frau, weder Vater noch Mutter verloren hatte, daß es ganz und gar keine Katastrophe war. Ein schlichtes Hemd, kein großer Verlust, was den wahren Wert betraf. Bedenken Sie aber auch, Romero war ein guter Mensch, der sich bemühte, recht zu handeln, und der niemandem vorsätzlich Schaden zufügte. Bedenken Sie, Romero war ein Mann, der sich dazu erzogen hatte, gleichmütig zu sein, nichts zu wollen, nichts zu verlangen, und dies schon seit so langer Zeit, daß er wortkarg geworden war, vielen Leuten aus dem Weg ging und fast immer für sich allein blieb, selbst dann, wenn seine Frau ihm das Essen auf den Tisch stellte. Bedenken Sie, es war sein Lieblingshemd, nicht mehr, aber für ihn auch nicht weniger. Bedenken Sie ferner, wie töricht er sich vorkam, daß er dem alten Mann Geld gegeben hatte, diesem Alten, der es wahrscheinlich, dachte er, mitgenommen hatte, wie töricht es ihm vorkam, daß er sich so freundlich und großzügig und glücklich gefühlt hatte, als das Hemd schon längst verschwunden war, wie töricht es ihm vorkam, daß er sich aus Liebe zu einem Wollhemd all diese Gedanken machte, wie töricht es ihm vorkam, daß er sie nicht einfach abstellen konnte, diese Gedanken, vor allem den, der ihn daran erinnerte, daß er schon immer mit so etwas gerechnet hatte, daß er auf diesen Verlust bestens vorbereitet war. Dann begreifen Sie vielleicht, warum er sich ans Fenster stellte und hinausstarrte und darauf wartete, daß jemand mit dem Hemd am Leibe gedankenlos an seinem Haus vorbeiginge, daß der Dieb sich unbekümmert dort blicken ließe. Er verließ den Wachposten nicht, als seine Kinder und dann seine Frau nach Hause kamen. Er sagte ihnen nur, was geschehen war, und wie immer ließen sie ihn in Ruhe. Er starrte aus dem Fenster auf die unbefestigte Straße, vorbei an den Ocatillas und

Nopals und Agaven, an den Zederzypressen und Eichen und Maulbeerbäumen vor den anderen Häusern, deren Gemäuer gestrichen oder nicht gestrichen war, und weiter bis zu den Gebäuden von Juárez, und er sah, wie der Horizont sich verdunkelte und Mond und Sterne am Himmel aufleuchteten und wie hell im Schwarz der Nacht flimmernde Lichter das Land überzogen. Er hörte einen Hund bellen, bis ein weiterer aus der Ferne antwortete, und dann noch einer, und so ging es hin und her, und die kleinen Rechtecke und Quadrate ihrer Gehege zeichneten sich, als ihm die Augen zufielen, deutlich vor seinem inneren Auge ab. Dann hörte er einen Windstoß ums Haus fahren, und dann kam der Zug, kam der metallische Rhythmus immer näher, bis er näher nicht mehr kommen konnte, und der Stahl ließ die Erde erbeben wie ein pochendes Herz, bis das Geräusch schwächer und leiser wurde und sich dann in der Stille verlor, in Schweigen und Finsternis, still wie der Tod, wie Ruhe oder Schlaf, bis er einen Star vernahm, dann noch einen Windstoß und schließlich ein Auto.

Er sah bei seiner Tochter hinein, die noch so jung war und so schön – bald würde sie zur Frau werden und dieses Bett verlassen und in ein anderes schlüpfen; bei seinen Söhnen, die im Schlaf noch kleine Jungen waren, im Wachen aber schon träumten wie Männer; bei seiner Frau im Ehebett, die in seinen Augen, in der Morgendämmerung, noch so jung wirkte.

Romero ging nach draußen. Die Zypresse war genau so geschnitten, wie er es gewollt hatte. Als ihm kalt wurde, ging er wieder hinein, zum Bett, das seine Frau stets frisch bezog und in dem sie nun ohne ihn so ordentlich zugedeckt lag, und legte sich neben sie.

Kirchgänger

O.K. So hieß der Bauleiter, und das hätte als erste Warnung gelten sollen. Ist es nicht so, daß Männer, die sich nur mit ihren Initialen anreden lassen, stets den Überlegenen spielen? Es gab auch noch andere Warnsignale – die wehenden amerikanischen Flaggen, die als Abziehbilder links und rechts auf seinem glänzend weißen Schutzhelm prangten, mit dem er vermutlich schon auf die Welt gekommen war. Oder wie er, als ich das erstemal in seine Nähe kam und Schulter an Schulter mit ihm auf dem schmalen Absatz zwischen zwei Abschnitten der eisernen Gerüstleiter stand (ich war auf dem Weg nach unten, er wollte nach oben), meinen Gruß entweder nicht gehört oder, falls doch, einfach ignoriert hatte.

Das Loch, vier Stockwerke tief, lag an der Beaudry Street, war so groß wie ein kompletter Block und wurde im Westen von der 3rd Street und im Osten von der 2nd begrenzt. Das dort entstehende Gebäude sollte nicht nur der Breite, sondern auch der Höhe nach das größte Gußbetonbauwerk westlich des Mississippi werden, und folglich wurden eine Menge Handwerker gebraucht. Angefangen hatte Hoff-Dunbar, die beauftragte Baufirma, jedoch mit sehr wenigen Leuten: Außer O.K. gab es nur noch einen Gesellen namens Sean, der mit dem stellvertretenden Bauleiter Ramirez zusammenarbeitete, und Curt, den für die Ausführung der Pläne zuständigen Polier. Über Curt kam ich an den Job. Wir hatten uns einige Jahre zuvor kennengelernt. Damals war er schon so lange arbeitslos gewesen – er litt darunter –, daß er kaum noch wußte, wie er das durchhalten sollte. Ich war jung, er war clever; wir wurden Partner, und als wir den Job erledigt hatten, gaben wir uns die Hand und sagten, wir würden uns bestimmt mal wiedersehen. Und das war jetzt geschehen.

Curt war von einer übergeordneten, nicht direkt an diesem Projekt beteiligten Firma eingestellt worden; O.K. hatte ihm offenbar nicht viel zu sagen, während Ramirez und Sean sich oftmals Anweisungen von ihm anhören mußten, die eher wie Vorhaltungen klangen. Curt verstand und befolgte die Planzeichnungen, ohne Fragen zu stellen, und er und ich erledigten unsere Arbeit praktisch selbständig. Wir kennzeichneten die Lage der Pfeilerfundamente mit Kalk, und zwei Bagger hoben sie aus. Die Löcher waren ganz schön groß, gut drei mal drei Meter, und zwei Meter tief; darüber wurden roh behauene Balken gelegt, fünf Meter lang und dreißig mal dreißig Zentimeter stark, sie dienten zum einen als Gehplanken, zum anderen wurden darauf die zwei-mal-vier-zölligen Unterleger festgenagelt, an denen die Stahlbetonbauer ihre Stahlnetze befestigen sollten. Da das Gebäude einen ganzen Block umfaßte, waren eine Menge Pfeiler erforderlich, und wir hatten viel zu tun. Im Boden rumwühlen war für mich immer das Schönste bei einem Job, mir gefiel das Dröhnen der Bulldozer und Bagger, wenn sie auf der anderen Seite der Baustelle das Gelände einebneten oder ausschachteten und den fetten, feuchten Boden, der so lange unter der schmutzigen Stadt verborgen gelegen hatte, auf die wartenden leeren Sattelschlepper häuften. Bis jetzt standen nur zwei der später dann drei Turmkräne, und wenn sie, ganz so wie irgendwelche anderen Himmelstiere, verhältnismäßig leise ihre Arme über uns schwenkten, erhoben sich Paletten und Stapel von der Straße und landeten so sachte wie Möwen im Sand.

Ein Kran beförderte auch die Balken, und Curt oder ich dirigierten den Kranführer mit Handzeichen. Am liebsten hatten wir das Holz möglichst nahe an der künftigen Verwendungsstelle, und wenn es abgesetzt war, stemmte ich es noch ein bißchen hin und her. Das machten wir schon ein paar Wochen so, als eines Nachmittags O. K., der zufällig vorbeikam (oder auch nicht zufällig, denn bei ihm konnte man nie sicher sein, ob nicht irgendein Motiv dahintersteckte), bei Curt stehenblieb. Der Balken hing noch in der Luft, etwa in Augenhöhe, als O. K. ihn an Curts Ende packte und daran zu schieben begann, wobei er mich anschrie, ich solle mitmachen. Ich hatte selbst schon Hand angelegt, um ihn auf meiner Seite des Fundamentlochs zu plazieren, und verstand überhaupt nicht, warum O. K. so herumbrüllte und ein solches Theater veranstaltete, schließlich hatte der Kran das Ganze ja unter Kontrolle – was er da machte, war völlig überflüssig. O.K. aber hörte nicht auf, wie wild gegen den Balken zu drücken. Das war der einzige Grund, warum ich mein Ende kaum ruhig halten konnte. Als er abgesetzt war, befand sich mein Ende ein paar Fingerbreit von der Stelle entfernt, wo ich es hatte haben wollen, während Curts beziehungsweise O.K.s Ende eine halbe Armlänge daneben lag. Ich stieg auf den Balken, machte die Seile los und gab dem Kranführer das langsam kreisende Handzeichen zum Abzug.

Curt und O.K. diskutierten erregt und starrten mich an. Bei dem ganzen Baustellenlärm verstand ich kein Wort, sah nur die Bewegung ihrer Lippen. Ich ging an mein Ende zurück, nahm mit einer Schnur Maß und hebelte den Balken an die richtige Stelle. Dazu benutzte ich einen Doppelheber, den ich wie immer an beiden Seiten hineintrieb und mit ein paar Nägeln befestigte. Ich wartete, bis O.K.s Rücken in sicherer Entfernung war, dann ging ich herum zur anderen Seite des Lochs.

»Was sollte das denn sein?« fragte ich.

Curt hatte ein braungebranntes, verwittertes Gesicht, das alt und jugendlich zugleich wirkte. Der Schutzhelm paßte nicht richtig zu ihm, und er muß sich damit auch irgendwie nicht richtig gefühlt haben, denn er nahm ihn immer ab, wenn er länger nichts zu tun hatte. Er fuhr sich mit den Fingern durch das graue Haar und schüttelte grinsend den Kopf. »Er hat gesagt, ich soll dich feuern.«

Überrascht hat mich das eigentlich nicht. Ich wußte, ich hatte zu tun, was O. K. von mir verlangte, ob das vernünftig war oder nicht, und wenn er nach mir schrie, hatte ich zu springen, ängstlich und gehorsam. Mit solchen Bossen kannte ich mich aus, aber ich reagiere nicht allzu gut auf solche Typen, und damals fühlte ich mich besser denn je, schließlich arbeitete ich mit Curt zusammen, der seinen Job so erledigte, wie auch ich es für richtig hielt – mit Köpfchen, will ich mal sagen. Dadurch wurde die Arbeit irgendwie zum Vergnügen, weniger anstrengend. Wir kamen miteinander aus, wir machten alles gleich beim ersten Mal richtig. »Das war's dann also, wie? Ich kriege noch heute mein Geld?«

Curt strich sich mit der rechten Hand durchs Haar. »Ich habe ihm gesagt, wir sind dem Zeitplan weit voraus, alles läuft bestens, niemand hat sich bei mir beschwert, und wenn ihm unsere Arbeit nicht gefällt, muß er uns beide rausschmeißen, denn wenn du gehst, gehe ich auch.«

Das nun *hat* mich überrascht. Daß Curt Reden halten konnte, hatte ich nicht gewußt. Ich fühlte mich einerseits geehrt, andererseits schuldig, daß ich ihn so in Verlegenheit gebracht hatte. »Danke«, sagte ich bescheiden. »Eine solche Unterstützung habe ich noch nie von jemand bekommen.«

Jetzt fummelte Curt am Plastikfutter seines Schutzhelms herum. »Na, noch solltest du mir nicht danken. Vielleicht kriegen wir heute nachmittag beide unsern Scheck.«

»Der kann dich unmöglich feuern«, sagte ich. Man wäre übel beraten gewesen, hätte man Curt an die Luft gesetzt – ich machte den Job seit fast zehn Jahren, und Curt war der Beste, mit dem ich je zusammengearbeitet hatte –, aber ich war mir nicht so sicher, wie ich vorgab. »Und außerdem bist du eine billige Arbeitskraft. Dabei hast du viel mehr Erfahrung als er.«

»Paß auf«, sagte Curt. »Wenn du dich irrst, zahlst du heute abend das Bier.«

Ich irrte mich aber nicht. Dies war das letzte Mal, daß O.K. sich in unsere Arbeit einmischte. Vor lauter Selbstbewußtsein konnte ich nur noch höhnisch lachen, wenn Sean darüber meckerte, wie ekelhaft O.K. sich aufführte, wenn er Ramirez und ihm irgendwelche Anweisungen erteilte. Curt brachte kaum ein Lächeln zustande.

Für mich wurde das der beste Job, den ich jemals hatte, und je mehr Leute dazukamen – Zimmerleute, Hilfsarbeiter, Stahlbetonbauer, Klempner, Elektriker, Betongießer –, desto besser wurde es. Ramirez ging in Urlaub und machte Sean zum Vorarbeiter. Curt und ich waren mit unserer Arbeit immer zwei Schritte voraus, was Curt dazu nutzte, immer häufiger in der Bauhütte über dem Loch Kaffee zu trinken. Unterdessen erledigte ich alles, was einer allein schaffen konnte. Ich baute Lagerkästen und Leitern und Sägeböcke, einen Schuppen für die Klempner und Monteure, ich fertigte sogar dreibeinige Hocker an. Und wenn es nichts dergleichen zu tun gab, wenn es keine Betongießer zu beobachten und keine Unterleger zu befestigen galt, arbeitete ich, wo ich wollte, und niemand störte sich daran – weil ich für Curt arbeitete. Ich ging morgens gerne zur Arbeit und blieb, wenn ich gebeten wurde, ohne zu zögern bis spätabends.

Als das Fundament gegossen war, ging es in den Wochen danach an die Pfeiler und Mauern und wenig später an die Stockwerke, und dazu wurden praktisch alle Männer eingestellt, die jeden Morgen vor der Baustelle herumgestanden und gewartet hatten. Hämmer dröhnten und Sägen kreischten, Stahlnetze wurden verschweißt und Aluträger eingezogen; morgens dampfte der Beton, Männer patschten in Gummistiefeln durch den matschigen Brei, schleppten schwere pulsierende Schläuche, hüpften umher und strichen das Ganze glatt. Wir bauten ein Haus, es wuchs in die Höhe, und es war wie ein Fest.

* * *

Dann traten Veränderungen ein. Als erstes wurden nacheinander mehrere Poliere gekündigt und durch nervöse, ehrgeizige Fremde ersetzt. Diese neuen Poliere nahmen ihre neuen Arbeiter aufs Korn. Sie warfen Leute raus, die keiner mochte, einige, die keiner kannte, und andere, von denen jeder meinte, sie hätten das nicht verdient. Eine ganze Flut von Männern kam und ging, so daß anstelle des einen grünen Schutzhelms der Baugesellschaft Helme in allen Regenbogenfarben für die Bosse mit den weißen schuften mußten – besonders für den Mann mit den zwei Flaggen auf dem seinen. Wie ich erst Tage danach erfuhr, wurde sogar Sean gefeuert, nur weil er ein Wort zuviel mit O. K. gewechselt hatte.

Ich selbst konnte mich nicht beklagen. Ich arbeitete für Curt und ansonsten, wie gesagt, wenn ich mit allem fertig war, was er mir aufgetragen hatte, überall wo ich wollte. Und wo ich sein wollte, war ganz einfach: nämlich da, wo O. K. nicht war.

Wenn O. K. nichts sagte, konnte man das schon als Kompliment auffassen. Normalerweise fand er jedoch immer was, konzentrierte sich auf die weniger geschickten Arbeiter und beschimpfte sie. Manchmal stieß er was um, manchmal riß er auseinander, was sie gerade machten, und befahl ihnen, noch mal von vorn anzufangen, und dann stapfte er zu einem der Poliere und schrie ihm ins Gesicht. Zu Anfang gab es einige, die lieber kündigten, als sich diesen Unsinn anzuhören, und diejenigen, die blieben, schluckten die Beschimpfungen, um nicht am Abend den letzten Scheck ausgehändigt zu bekommen. Da ich das Glück hatte, mir O.K.s Tiraden und Wutanfälle nicht anhören zu müssen, sagte ich oft im Scherz, ich könne ihn schon von weitem riechen, und verzog mich sogleich, wenn ich ihn zu wittern glaubte. Wenn ich meine Arbeit bei Hoff-Dunbar behalten wollte, erklärte ich, dürften er und ich uns niemals in die Augen sehen.

Zum Glück standen die Chancen für ein solches Malheur ziemlich schlecht, weil Curt mir immer genug zu tun gab. Einmal baute ich zum Beispiel Regale und Sperrholzschränke für die Unterkunft der Elektriker, und just bei dieser Arbeit erblickte ich eines Vormittags Mrs. O.K. und ihren Sohn, die einen Besuch auf der Baustelle machten. Wir befanden uns fast auf Straßenhöhe, nur ein Stockwerk darunter, und die Arbeiter nahmen gerade die Verschalungen von den Pfeilern. Die Bauhütte, in der ich zugange war, hatte Fliegenfenster, aus denen man leichter hinaus- als hineinsehen konnte. Mrs. O.K. war eine unscheinbare, schlanke Frau und viel jünger als ihr Mann, war aber so gekleidet und zurechtgemacht, daß sie, absichtlich oder nicht, einen älteren und alles andere als attraktiven Eindruck machte. Sie trug, vermute ich mal, ein selbstgeschneidertes Baumwollkleid, das ihr vom Hals bis über die Knie reichte, und die gekräuselten Ärmel gingen fast bis zu den Ellenbogen. Auch der Junge war nicht gerade elegant angezogen – normale Turnschuhe, ein etwas zu kleines und ausgeblichenes T-Shirt und billige Jeans, keine Markenware. Sein Haar sah aus, als sei es in irgendeinem Hinterhof geschnitten worden. Nur wenige Meter von mir entfernt, sah ich die beiden mit stolzem, beeindruckten Lächeln auf die starken Männer hinabblicken, die sich unter ihnen abrackerten.

Und so standen sie, vergnügt miteinander plaudernd, an das Sicherheitsgeländer gelehnt, als ich O.K. um die Ecke kommen sah. Ich beschloß, mich still zu verhalten – er ahnte bestimmt nicht, daß ich in der Hütte war, und ich wollte auf keinen Fall seine Aufmerksamkeit auf mich lenken.

»Was hast du hier zu suchen?« fauchte er sie an. »Was willst du?« Er dämpfte seine Stimme nicht im geringsten. Die Männer unten konnten ihn bestimmt hören, wenn sie wollten.

Der Junge drängte sich an den Rock seiner Mutter, und auch sie zog sich ein wenig von der Baustelle zurück. »Wir wollten dich mal besuchen«, sagte Mrs. O.K. enttäuscht; ihr war schon klar, daß sie einen Fehler begangen hatte. »Wir wollten uns mal dein Haus ansehen.«

O.K. war ein stämmiger, dicker Mann von mittlerer Größe. Seine Arme waren so dicht mit langen farblosen Haaren bedeckt, daß man kaum sagen konnte, ob diese Stummel muskulös oder nur fett waren. Er hatte ein aufgedunsenes Gesicht, fleischige Wangen und eine sonnenverbrannte Knollennase, sein Teint war etwa so dunkel wie grelles Mittagslicht. Wenn er sich aufregte, preßte er die Gesichts- und Armmuskeln fest an die Knochen. Jetzt konnte er kaum noch an sich halten und höflichen Abstand von seiner Frau bewahren. Seinen Sohn hatte er noch gar nicht zur Kenntnis genommen. »Was hast du überhaupt hier unten zu suchen?« sagte er nach einigem Schweigen.

»Das habe ich schon gesagt«, antwortete Mrs. O. K. Nur O. K. und ich konnten sie hören, die Männer unten konnten es nicht.

»*Das* habe ich nicht gefragt!« Das konnte jeder hören, und einer der Männer unten blickte sogar auf, aus Angst, O. K. brülle womöglich ihn an.

Mrs. O. K. rührte sich nicht, ebensowenig wie der kleine Junge. »Ich muß diese Rechnung bezahlen. Du weißt doch.« Sie ließ sich keinerlei Erregung anmerken, aber ich spürte geradezu körperlich, wie sie zusammenschrumpfte.

»Wenn du das rechtzeitig zur Post gebracht hättest«, sagte er, »hättest du dir den Weg sparen können.«

Mrs. O. K. nickte. Wieder bleiernes Schweigen. Dann: »Weißt du schon, wann du nach Hause kommst?«

»Du weißt genau, daß ich das nicht weiß. Was soll die Frage?« Jetzt endlich warf er einen Blick auf den Jungen, der sich noch immer ans Bein seiner Mutter klammerte. »Gefällt dir mein Job, Bubby?«

Der Kleine nickte langsam und unterdrückte ein Lächeln, das zeigte, wie glücklich er war, daß sein Daddy ihn erkannt hatte.

»Geh jetzt lieber«, sagte O. K. zu seiner Frau.

Mrs. O. K. und der Junge drehten sich um und folgten seinen raschen Schritten in Richtung Ausgang. Ein Stück weiter, aber nicht allzu weit weg, blieb O. K. stehen und hob die flache Hand, ein Gruß, der, so unpersönlich er einem zufälligen Beobachter erscheinen mußte, dennoch so ziemlich die netteste Geste war, die ich je an ihm beobachtet hatte.

* * *

Die Leute, die an den Pfeilern bauten, hatten sich zu unserem besten Trupp entwickelt, denn Brown, der neue Polier, war ein ruhiger, angenehmer Mensch, der weder seine Macht zur Schau stellen mußte, noch viel davon hielt, die Arbeiter mit Drohungen anzutreiben, und mit dieser Taktik Erfolg hatte. Da Curt und Brown nicht nur altersmäßig, sondern auch von der Einstellung her einander ähnlich waren, steckten sie in den Mittagspausen oft die Köpfe zusammen, was schließlich zur Folge hatte, daß ich, als Curt die kleinen Aufträge für mich ausgingen und man oben beschlossen hatte, daß er keinen Gehilfen mehr brauchte, zu Browns Kolonne wechseln mußte. Kurze Zeit nachdem ich offiziell angefangen hatte, Pfeiler zu setzen und auszurichten, mußte ich von Curt Abschied nehmen. Jeder wußte, es lag an O. K.s Gehässigkeit, auch wenn Curt etwas anderes erzählte – er kündigte, behauptete er, weil er nicht als Hochbaupolier arbeiten wollte. O.K., so erzählte mir Curt, habe sich weder feindselig noch rachsüchtig gezeigt, sondern so höflich wie nur irgend möglich. Klar, sagte ich. Natürlich.

Aber wenn er es nicht persönlich nahm, so tat ich es für ihn. Es ist niemals höflich, einen Mann gehen zu lassen (denn so mußte man es nennen; dieser neue Job kam einer Degradierung gleich), bevor er mit seiner Arbeit fertig ist. Und Curt wußte sehr wohl, daß diese Entscheidung gleich in der ersten Urlaubswoche des Mannes gefallen war, der ihn eingestellt hatte. Nicht daß ich glaubte, Curt könne keinen anderen Job finden. Er wußte, was er tat, und für einen wie ihn mußte es immer Arbeit geben. Manchmal allerdings gab es auch keine. Und ich war mir sicher, daß Curt, wie jeder andere, lieber darauf verzichtet hätte, sich einen neuen Job zu suchen, auch wenn praktisch jede andere Baugesellschaft besser war als Hoff-Dunbar.

Daß unsere Tage gezählt waren, wußten wir alle. Jeden Abend atmeten wir auf, als ob wir dort was rausgeschmuggelt hätten. Ob Festangestellten oder Leuten wie mir, O.K. hatte uns allen bewußt gemacht, wie kostbar die Arbeit war, die wir hatten, und wie unwichtig wir selbst in diesem Getriebe waren. Nicht daß wir das nicht auch so gewußt hätten. Aber wir mußten uns Tag für Tag sowohl selbst als auch uns gegenseitig aufmuntern, darüber hinwegzusehen und nur das Geld zu zählen, solange es noch kam.

Daß ich etwas ignorieren sollte, was mir nicht gefiel, sagte mir freilich überhaupt nicht zu. Andererseits wollte ich nicht so dumm sein und kündigen, solange ich die Arbeit noch nötig hatte.

»Kündigen«, erklärte mein neuer Partner Jackson, »können nur die reichen Weißen. Wenn dir der Boß den letzten Lohn auszahlt, sagst du bloß: ›Ich danke Ihnen vielmals, Sir.‹ Dann kannst du losziehen, vorher nicht.«

Jackson stammte aus Houston, Texas – er gab jedesmal Stadt und Bundesstaat an –, lebte aber in Compton, nur wenige Straßen von dort, wo ich aufgewachsen war. Er schluckte Lithium *und* Thorazin, was der Arzt ihm verschrieben hatte. Er brauche die Medikamente, sagte er, um sich zu beruhigen, denn er sei sehr aufbrausend und habe schon viele Jobs verloren. Und zwar immer nur deshalb, erzählte er und blickte mir heftig zwinkernd in die braunen Augen, weil die Weißen, diese blauäugigen Teufel, ihn zur Weißglut brächten, das sei schon früher, in Houston, Texas, so gewesen. Weder sein Daddy noch die Gefängniswärter hätten ihm das austreiben können, und, flüsterte er mir im Vertrauen zu, die jungen militanten Schwarzen, bei denen er jahrelang mitgemacht habe, hätten das auch nicht geschafft.

»Und vergiß nicht«, sagte Jackson, »es fällt alles auf einen zurück.«

Diese Redensart war bei den Bauarbeitern eine Art

religiöser Glaubenssatz. Ich hörte sie ständig. Für mich klang das wie eine bemüht rationale Begründung dafür, warum man niemanden wegen einer schlimmen Tat kritisieren sollte, warum man sich einfach still verhalten sollte. »Du erzählst mir dauernd, was für ein gemeiner, unverschämter, *garstiger* alter Mann du bist«, sagte ich. »Also, ich finde, du schmeißt ein paar zuviel von deinen Pillen ein.«

Jacksons Lachen konnte Hunde wecken. »Du mußt mir glauben, Junge! Du mußt!« Er schnappte nach Luft. »Die andern arbeiten alle nicht gern mit dem alten Jackson«, sagte er. »Wie kommt es, daß du nichts gegen Jackson hast?«

»Alte Schwarze, miese Weiße«, antwortete ich, »läuft doch alles aufs selbe raus.«

Jetzt lachte Jackson nur noch. Unterbrach seine Arbeit, öffnete den großen Mund, bleckte die fleckigen Zähne und wieherte gen Himmel. Viele Leute, ich eingeschlossen, fanden Jacksons Lachen ungeheuer komisch.

»Hör auf mit dem Gebrüll, Alter«, rief einer von den jungen Maurern, »sonst gibt dir O. K. noch einen Tritt in deinen schwarzen Arsch.«

»Wäre nicht das erste Mal«, schrie Jackson zurück. »Und auch nicht das letzte.«

Ich war gern in Jacksons Nähe, und diesem Jungen, den wir auf der Baustelle Smooth nannten, ging es ähnlich. Als Jackson und ich ein paar Tage lang vor einer Wand, die Smooth mauerte, Pfeiler zu setzen hatten, verbrachte er die Pausen mit uns, jedoch eigentlich nicht, um uns zuzuhören – auch wenn ihn das zunächst einmal angelockt hatte –, sondern bloß um zu reden. Smooth erzählte Geschichten von der Straße. Er sprach schnell und gehetzt, wobei er die ganze Zeit stand und herumzappelte, als ob er alles gerade noch einmal durchlebte: Ein Wagen voller Nigger hält neben ihm, die Jungs wollen Smooth ans Leder, und Smooth scheißt sie zusammen und sagt, er wird ihnen den Arsch aufreißen, wenn sie sich in seinem Viertel mit ihm anlegen – er wiederholte sich gern und besonders diesen einen Augenblick –, er wird ihnen den *Arsch* aufreißen, wenn sie sich mit ihm anlegen, er wird's ihnen zeigen, diesen Arschlöchern. »Eine Zeitlang geht das vielleicht gut«, sagte Jackson, »aber nicht ewig. Einer allein kann gegen drei nichts ausrichten, und kein Mensch ist stärker als eine gutgezielte Kugel.«

Smooth war Mitte Zwanzig, ein kleiner Mann, höchstens eins siebzig, ein Federgewicht mit dicken Adern unter der schwarzen Haut und mit gut entwickelten Muskeln an den Oberarmen. »Die mach ich alle«, verkündete er Jackson mit unangebrachtem Trotz. »Wenn die's nicht anders wollen, pump ich sie mit Blei voll.«

Daß Smooth vor knapp einem Jahr einen anderen mit Blei vollgepumpt hatte, war das einzige Kapitel seiner Biographie, das auf der ganzen Baustelle bekannt war. Die Geschichte ging so: Er hatte damals irgendeinen anderen Job bei Hoff-Dunbar, und eines Tages geriet er nach Feierabend mit einem Fremden aneinander, der ihn mit vorgehaltener Waffe ausrauben wollte, als er gerade in seinen Wagen stieg. Smooth, so wurde erzählt, hatte in seinem Wagen auch eine Waffe. Und Smooth, der zwei Kugeln in die Schulter bekam, gewann die Schießerei. Andere behaupteten, der Tote sei kein Fremder gewesen, und es habe sich auch nicht um Notwehr gehandelt. Smooth war von seiner ganzen Art her ohnehin nicht gerade ein unauffälliger Typ, aber vor allem diese beeindruckende Tat – und es gab noch andere – und die zweifelhaften Einzelheiten der tödlichen Schießerei ließen ihn mindestens einen Kopf größer erscheinen.

Smooth arbeitete auf dieser Baustelle, weil die Firma ihn, als er wieder arbeiten konnte, weiterbeschäftigen mußte und ihn der Maurerkolonne zugeteilt hatte. Seit Seans Ausscheiden als Polier waren die Maurer zu einem schlimmen Haufen verkommen, alle paar Wochen wurden einer oder zwei von ihnen gefeuert und durch andere ersetzt, die Poliere nicht ausgenommen. Ob Smooth sich dessen bewußt war oder nicht, es schien ihm jedenfalls nichts auszumachen. Tatkräftig und gutgelaunt erledigte er seine Arbeit und turnte auf den Gerüsten herum wie ein kleiner Junge. Er redete ziemlich viel und ziemlich laut, und er sollte schon noch sehen, was er davon hatte.

Der neue Polier sah aus wie ein Japaner, hieß aber

Langford. Er war groß, weit über eins achtzig, und eher schweigsam. Langford schrie nicht herum und wurde niemals wütend. Wenn er die Arbeit vorbereitet hatte, ließ er die Männer machen, sah ihnen entweder, ohne sich einzumischen, von weitem zu oder war überhaupt nicht anwesend. Und wenn er mal Leute rauswarf, sah man nie, wie er ihnen den Scheck gab; sie schienen einfach zu verschwinden.

Jackson und ich waren ganz in der Nähe von Smooth, als wir ihn reden hörten.

»Was glotzen Sie so?« fragte er.

Nicht daß Smooth sonderlich laut zu sprechen versuchte oder die Stimme hob. Aber er war deutlich zu verstehen. Ich unterbrach meine Arbeit. Smooth stand auf einer noch leeren Verschalung, in die er gerade eine Verstrebung einsetzte. Etwa sechs, sieben Meter entfernt, eine Schulter an die Schattenseite eines Betonpfeilers gelehnt, stand Langford.

Smooth unterbrach seine Arbeit. »Starren Sie mich nicht so an«, sagte er zu Langford. »Ich mag es nicht, wenn man mich so anglotzt. Suchen Sie sich einen andern, aber schnüffeln Sie nicht dauernd hinter *mir* her.« Das war mit ruhiger Stimme gesprochen, aber ich konnte es dennoch deutlich hören. Smooth wirkte eher gelassen, aber daß er es nicht war, erkannte ich daran, wie er wieder mit dem Hammer loslegte, nachdem er ausgeredet hatte.

Langford zuckte mit keiner Wimper.

Smooth, oben auf der Wandverschalung, richtete sich hoch auf. »Lassen Sie mich jetzt endlich in Ruhe!« schrie er so laut, daß jeder auf der Baustelle, so groß sie auch war, es mitbekommen mußte, entweder unmittelbar oder per Nacherzählung. »Lassen Sie mich endlich in Ruhe, verdammt noch mal!«

Jetzt hatte Langford ihn gehört, aber er wandte sich bloß ab und ging ganz ruhig fort, als ob er das ohnehin vorgehabt hätte.

Smooth bekam am Nachmittag nach diesem Vorfall nicht seine Kündigung, und obwohl es ausgeschlossen schien, daß er noch einen vollen Tag durcharbeiten könnte, war er am Ende des nächsten immer noch bei seinem Trupp. An diesem Abend hörte ich, wie Jackson mit unserem Polier Brown herumlachte.

»Der Junge ist verrückt!« sagte Jackson nach ihrem Gespräch zu mir.

Jackson wieherte ein zweites Mal, während ich auf seine Erklärung wartete. »Also der Typ ist wirklich eine irre Nummer, schwarz und durchgeknallt. Da lehrt man uns immer, Gott habe keines seiner Geschöpfe ohne Absicht erschaffen, aber manchmal fällt es uns Kirchgängern schwer, diese Absicht zu erkennen, damit wir sie würdigen können.«

Jackson war offenbar zufrieden mit dem, was er gehört hatte, und schließlich mußte ich ihn direkt ansprechen und fragen, wovon er eigentlich redete, damit auch ich es würdigen konnte.

»Brown sagte, Smooth sollte rausgeschmissen werden, O.K. hätte ihm schon den Scheck ausgestellt, aber Langford hätte gesagt, er sei doch nicht blöd, den werde er ihm nicht geben. Das sei es nicht wert, dafür zu sterben, hätte er gesagt, der Junge wäre verrückt genug, ihn umzubringen.«

Keine Ahnung, warum ich Jackson nicht glaubte. Vielleicht dachte ich, er müsse Brown mißverstanden haben oder so was. Aber als Langford sich am nächsten Morgen nicht blicken ließ, grinste Jackson mich an.

»Gefeuert, wie ich dir gesagt habe.«

Davon hatte er mir nichts gesagt. Auch nicht, daß Brown die Maurerkolonne leiten sollte, bis man einen neuen Polier angeheuert hatte.

»Und der wird ihm den Scheck auch nicht geben«, fuhr Jackson fort.

»Brown?«

»Hat gesagt, O.K. werde ihn auch rauswerfen müssen.«

Vielleicht hätte ich auch das nicht geglaubt, wenn ich am nächsten Tag nicht selbst dabeigewesen wäre. Auf der ganzen Baustelle war Gekicher zu hören, lauter als Skilsägen. Die Energie der Menschen übertraf die der Maschinen; all diese Männer sprachen und flüsterten, arbeiteten mit gespannter Begeisterung und hatten nur Augen für Smooth – denn der hatte sich frei genommen. Smooth hatte beschlossen, daß er keine Nägel mehr einschlagen wollte, er wanderte nur noch auf der Baustelle herum, von einem Ende zum anderen, hin und her zwischen den Bautrupps im Keller, an den Verschalungen und Mauern und Pfeilern, stolzierte großspurig herum und erzählte Scheiße, jede Menge blödes Zeug, allerdings nicht über die Arbeit oder seine Situation, die er anscheinend unter Kontrolle zu haben glaubte, sondern bloß über alles mögliche andere, was ihm gerade einfiel, wozu er gerade Lust hatte. Als Smooth zum erstenmal bei uns vorbeikam, hing ich gerade am Funkgerät und dirigierte den Kranführer. Wie er es immer und täglich machte, zog Smooth mir das Funkgerät aus dem Lederetui an meinem Gürtel. Er wußte genau, wie das Ding funktionierte, und drückte auf den Sprechkopf, als ob er der Vorarbeiter wäre.

»O. K., O. K., bitte kommen, Ende.« Nach zehn Sekunden keine Reaktion. »O. K., bitte kommen Sie, bitte, Ende.« Pause. Wieder nichts. »Hier spricht Smooth, Mr. O. K., Sie kennen mich, Sie sollen sich bei mir melden, Ende.« Nur Knistern, und dann ließ Smooth alle Höflichkeit fahren. »O. K., Sie wissen, daß ich mit Ihnen reden will, und ich weiß, daß Sie mich hören. Wenn ich mich nicht irre, haben Sie was für mich. Also, ich warte hier draußen, bringen Sie's mir. Ich hab auch was für Sie, O. K. Wenn Sie *mir* was geben, geb ich *Ihnen* auch was. Haben Sie kapiert, O. K.? Hier spricht Smooth, Ende.«

Und weg war er. Im weiteren Verlauf des Tages reduzierte er seine Botschaft, bis nur noch das Wesentliche übrig war. Er nahm, wie es ihm gerade einfiel, irgendwelchen Vorarbeitern die Walkie-Talkies ab und sprach mit hämisch vertraulicher Stimme hinein. »Hier spricht Smooth, O. K., ich warte immer noch. Sie haben doch was für mich, und ich habe was für Sie.« Kein »Ende« mehr, kein »bitte« oder »melden Sie sich«, bloß noch die nackte Botschaft direkt in O. K.s Innenohr.

Smooth tat den ganzen Tag keinen Schlag. Wir anderen waren zwar anwesend, kümmerten uns aber auch nicht um die Arbeit; wir wurden dafür bezahlt, uns diese Show anzusehen. Am frühen Nachmittag zogen sich die Weißhelme zu einer Besprechung mit dem jetzt unsichtbaren O. K. zurück – mit dem plötzlich *nirgendwo* mehr sichtbaren O. K. –, und bis Feierabend stand alles mehr oder weniger still.

Am nächsten Morgen erfuhren wir, daß Ramirez, der zweite Bauleiter, sich geweigert hatte, Smooth den Scheck auszuhändigen. Beeindruckt, aber auch verunsichert, fingen die Leute zu debattieren an. Hauptthema war, ob es richtig wäre, daß O. K. getötet werden sollte, weil er einen Arbeiter entlassen hatte. Ganz zuletzt wurde die Frage erörtert, ob Smooth für die Zeit, die er ohne zu arbeiten anwesend war, bezahlt werden sollte.

Smooth kam spät und nicht in Arbeitskleidung – er trug ein langes, schwarz schimmerndes Hemd, das ihm über die Hose hing, keinen Schutzhelm, das Haar offen und pomadig glänzend. Seine Augen waren glasig, und wenn er stand, wackelte er langsam mit dem Kopf. An diesem Morgen nahm er nicht das Funkgerät. Viel weniger fröhlich als tags zuvor, steckte er sich einen Joint an, und als er ihn zu Ende geraucht hatte, ging er die Rampe zur Parketage runter und stieg, hieß es, bis ganz nach unten, wo er sich allein irgendwo hinsetzte und noch mehr Gras rauchte.

Brown erzählte Jackson und mir, wie Smooth am Morgen ins Büro gekommen war, in die Höhle des O. K., und sich an einen der Schreibtische gesetzt hatte. O. K. war nicht da, nur Brown und Ramirez. Smooth legte die Füße auf den Schreibtisch und fragte die Sekretärin nach der Vorwahl für ein Ferngespräch. Die Sekretärin sah Ramirez an, und der sagte ihr, na los, sagen Sie's ihm. Smooth wählte. Er rief seine Großmutter in Louisiana an und sprach ungefähr eine halbe Stunde lang mit ihr. Dann rief er, die Füße immer noch auf dem Schreibtisch, seine Schwester an, die in Palm Springs wohnte. Und er hat mit keinem Wort erwähnt, was eigentlich los war, sagte Brown. Hat nur gesagt, er benutze das Bürotelefon auf seiner Baustelle.

»Amen!« wieherte Jackson, und ich lachte so laut ich konnte, ohne weiter darüber nachzudenken.

* * *

An diesem Nachmittag, eine Stunde vor Feierabend, kamen zwei Polizeibeamte – beide mit Krawatte, der eine in blauem Anzug, der andere in Sportsakko und brauner Hose – auf die Baustelle. Wir befanden uns ein paar Stockwerke über dem Boden, und sie mußten Leitern hinaufklettern, um die Betonfläche zu erreichen, auf der die meisten von uns arbeiteten. Dann kletterten sie noch ein Stockwerk höher, auf die Ebene, die noch nicht betoniert, sondern nur mit Sperrholz ausgelegt war. Warum sie da raufgestiegen waren, wurde mir erst klar, als ich sie bei Smooth stehen sah, drei Mann vor einem Hintergrund aus fertigen Hochhäusern und smogblauem Himmel. Mir wäre nicht in den Sinn gekommen, die Männer von der Polizei groß zu nennen, aber neben Smooth wirkten sie so – Smooth sah besonders von weitem äußerst winzig aus. Die drei standen debattierend mitten auf der Etage, während um sie her an den Außenwänden ein paar Männer mit Schutzhelmen arbeiteten oder jedenfalls so taten. Sie sprachen leise miteinander, der Polizist im Sportsakko hatte die Hände in den Taschen und blickte umher, wahrscheinlich weil er sich zum erstenmal in seinem Leben auf einer Baustelle befand. Nach einigen Minuten gingen sie zusammen zur Leiter und stiegen runter.

Nach Feierabend wollten mehrere Männer, darunter ich, noch bleiben und sämtliche Einzelheiten der Ereignisse durchdiskutieren und natürlich auch Tatsachen erfahren. Wir legten für ein paar Kästen Bier zusammen und setzten uns auf eine Grasfläche in der Nähe der Baustelle. Das Bier setzte Ideen und finsteres Gelächter frei. Smooth habe dies gesagt, Smooth habe jenes getan. Als die Polizisten Smooth den Scheck aushändigten, den O.K. ihm aus purer Angst nicht hatte geben wollen, hätten sie ihm auch mit einer Festnahme wegen Belästigung gedroht, falls er noch einmal in die Nähe dieser Baustelle käme. Aber niemand glaubte, daß Smooth sich davon abhalten lassen würde. Die Polizei wohne schließlich nicht hier, und Smooth werde bestimmt hier vorbeifahren. Wenn nicht morgen, dann eben später. Smooth würde das nicht vergessen. Smooth doch nicht. Und hatte er O.K. nicht versprochen, er hätte noch was für ihn? Aber damit würde er sich Zeit lassen. Er brauchte sich nicht zu hetzen. Daß Smooth diesen einen Mann umgebracht hatte, stand auf alle Fälle fest, und er hatte immer Andeutungen gemacht, daß er auch andere getötet habe.

Nicht ein einziges Mal hatte O.K. sich mit den Männern abgegeben, für die er verantwortlich war, weshalb wir dann auch verkrampft und leiser wurden, als wir ihn plötzlich auf uns zukommen sahen. Voreingenommen wie ich war, hätte ich gewettet, daß er uns sagen wollte, wir dürften in der Nähe der Baustelle kein Bier trinken. Statt dessen nahm er sogar selbst eins. Er setzte sich ins Gras und nahm den weißen Schutzhelm mit diesen beiden Flaggen ab. Die Kopfhaut unter seinem schütteren Haar war hell und rosig. Als ich ihn so sah, tat er mir beinahe leid, aber ich mochte ihn immer noch nicht, und deshalb fand ich, sein Kopf sehe entzündet und geschwollen aus. Hätte ich den wahren

Grund nicht gekannt, wäre dies für mich vielleicht die Erklärung für seine gequälte, ängstliche, wenn nicht gar verlegene Haltung gewesen.

Die versammelten Männer, nur leicht angetrunken, hockten jetzt peinlich berührt im Gras. Das Gebäude – eine Handvoll Arbeiter war noch zugange, man räumte Werkzeug weg und rollte Seile und Schläuche auf – warf einen kühlen, zerklüfteten Schatten, der langsam auf uns zuwanderte. Die Männer waren nicht sprachlos, aber ihre Sätze kamen stockend, die Wörter fielen wie Nägel hin, wenn man zu viele auf einmal zu greifen versucht. Schließlich bekam einer einen vollständigen Gedanken heraus: »Wie verrückt einer ist, erfährt man immer erst, wenn man ihm zu kündigen versucht«, sagte er zu O.K. Er hatte O.K. damit aufmuntern wollen, aber der Satz riß sich von ihm los und breitete sich aus wie ein Bibelzitat, wie ein Sprichwort, das im Innersten unser Mißfallen erregt. Keiner von uns arbeitete am Bau, weil er reich war, aber es ließ sich auch keiner von uns nur aus Liebe zum Geld seinen Körper so kaputt und schmutzig machen. Wir brauchten das, und was wir physisch und geistig dabei lernten, war, daß nicht jeder das tun konnte, Woche für Woche, Monat für Monat, jahrein, jahraus. Wir waren stolz auf unsere Arbeit, auf das, was wir bei unseren Familien und Nachbarn galten, und wir nahmen dieses Gefühl zum Zelten und Angeln und Baseball mit und lehnten uns damit erschöpft in der Kneipe oder im Lehnsessel vor der Glotze zurück. Das hatte Sex-Appeal, die Frauen mochten das, und die Kinder bewunderten unsere Muskeln. Arbeit zu haben war etwas, dessen wir uns niemals schämten.

Und in diesem zufälligen Augenblick des Insichgehens mußten wir alle daran denken, wie schlimm es war, diesen Scheck zu bekommen, den wir nicht haben wollten, diesen Scheck, den jeder von uns schon mehr als einmal erhalten hatte, besonders aber dachten wir an dieses eine Mal, als wir ihn ganz bestimmt nicht verdient hatten, als es einfach ungerecht war, und wie wir dem Mann, auf dessen Veranlassung es geschehen war, das Allerschlimmste gewünscht hatten, und wie wir damals um den Zorn und die Gerechtigkeit eines alttestamentlichen Gottes gebetet hatten. Und als uns die Augen aufgingen und sie O. K.s sorgenvoll gesenkten Kopf erblickten, da sahen sie auch einen anderen Menschen, einen Freund – für mich war es Curt, der vor einer Woche, vor einem Monat oder zwei sein schweres Werkzeug in den Kofferraum seines Wagens geladen hatte und weggefahren war.

Smooth, von Gott gesandt, um O. K. eine Lektion zu erteilen, wie gefährlich es ist, einem arbeitenden Menschen das Leben zu verpfuschen, hatte auch für uns eine Botschaft. Wir alle sollten das Gleichnis verstehen. Mit grinsender Reverenz vor einem solchen Happy-End würden wir O. K., bleich und verängstigt, ohne Freunde unter diesen Männern, *seinen* Männern, ebenso im Gedächtnis behalten wie Smooth, diesen Verrückten irgendwo da draußen, und die beiden in unserer Erinnerung immer zusammen sehen. Halleluja. Amen.

Etwas Dummes

Es war Sonntag abend und spät genug, daß Cristián gähnend bei sich dachte, das Wochenende könnte ruhig einen Tag länger dauern, als plötzlich das Telefon klingelte. Es war sein Vater. Sein *richtiger* Vater, wie er sich zu sagen angewöhnt hatte, dabei hatte er die späteren Ehemänner seiner Mutter niemals Dad oder Vater genannt. In seiner Jugend sah Cristián seinen Vater ungefähr dreimal im Jahr – an ihren Geburtstagen und Heiligabend –, manchmal öfter, manchmal seltener. Als er das Führerscheinalter erreicht hatte, meistens seltener. Das kam daher, daß er dachte, sein Vater möge ihn nicht besonders. Cristián nahm ihm das nicht übel. Das war nun einmal so. Wie sollte er ihn mögen können, wenn er nie mit ihm zusammengelebt hatte? Für ihn war Cristián wie seine Mutter. Verantwortungslos, dauernd mit Umzügen beschäftigt, um Schuldeneintreibern aus dem Weg zu gehen. Sein Vater war Buchhalter, deshalb stand er auf deren Seite. Es war nicht unrecht, so zu denken. Wie seine Mutter nahm auch Cristián es mit den Schulden nicht so genau.

»Was gibt's?« fragte er und kam sich im selben Augenblick dumm vor, überhaupt abgenommen zu haben; als ob er mit irgendeinem anderen spräche, nicht mit seinem Vater. Er war einfach auf dem falschen Fuß erwischt worden. Sein Vater hatte ihn noch *nie* angerufen, kein einziges Mal.

»Du kannst mir einen Gefallen tun«, sagte er ohne Umschweife.

»Ja, sicher«, sagte Cristián und richtete sich auf. Um ihn herum saß seine Familie. Seine Frau lag mit geschlossenen Augen und geöffnetem Mund auf dem Sofa zusammengerollt – sie brauchten ein neues –, während ihr Sohn im Licht des neuen 50-Zentimeter-Fernsehers ein Bild malte. Er hatte alle seine neuen Filzstifte vor sich ausgebreitet und vermengte sie mit seiner Sammlung von Matchbox-Autos, abgebrochenen Buntstiften und den Plastikfiguren aus *Krieg der Sterne,* die er immer und ausnahmslos mit sich herumschleppte, egal was er tat. Diese Bilder verbanden sich wie im Traum mit der Stimme seines Vaters im Hörer. »Ja, sicher«, wiederholte Cristián. »Natürlich.«

»Kannst du mich am Busbahnhof in Hollywood abholen? Ich weiß nicht, wie ich sonst nach Hause kommen soll.« Seine Stimme klang unsicher. Sogar schwach. Anders gesagt, nicht wie sonst, also weder streng noch selbstbewußt, trotz seiner siebzig Jahre. »Tut mir leid, wenn ich störe.«

»Du störst doch nicht«, sagte Cristián. Der Busbahnhof in Hollywood? Soweit er wußte, war sein Vater seit dem Krieg, also noch bevor Cristián geboren worden war, nicht mehr aus Los Angeles herausgekommen. Er war niemals in Urlaub gefahren. Kein einziges Mal.

Für Cristián war diese erstaunliche Tatsache über die letzten gut vierzig Jahre im Leben seines richtigen Vaters geradezu eine seiner charakteristischen Eigenschaften. »Natürlich bringe ich dich nach Hause.«

»Ich weiß, es ist spät, und du mußt morgen früh zur Arbeit.«

Es war nach zehn. Cristián hatte gar nicht darauf geachtet. Warum war der Junge noch auf? »Das macht doch nichts.«

»Du mußt früh aufstehen.«

»Schon gut. Nicht so schlimm.« Cristián sprach deutlicher in die Muschel. »Alles in Ordnung?«

»Ich habe zu Hause angerufen, aber da ist niemand rangegangen.«

Cristián hörte ihm zu.

»Eigentlich hatte Violet mich abholen sollen.«

»Aber sie hat's vergessen«, ergänzte er. »Dann hole ich dich eben ab.«

»Das macht mir Sorgen«, sagte sein Vater. »Ich habe Angst, sie könnte etwas angestellt haben.«

Cristián hörte jedes Wort.

»Etwas Dummes«, fuhr er fort.

Sein Vater sprach weiter davon, daß sie nicht rangegangen sei, doch Cristiáns Gedanken schweiften ab. Violet, die Frau seines Vaters, hatte vor knapp einem Jahr einen Selbstmordversuch unternommen. Und bei dem unglücklichen Eindruck, den sie auch jetzt noch machte, bestand immer die Möglichkeit, daß sie es noch einmal versuchen würde. Es war nicht ihre Art, nicht ans Telefon zu gehen, und sie ging niemals aus – sie verließ praktisch nie ihr Schlafzimmer. Eine ziemlich einleuchtende Erklärung.

»Ich hätte diese Reise nicht machen sollen«, sagte sein Vater.

»Bin schon unterwegs.«

Als Kind hatte Cristián an seinem Vater eigentlich nur interessiert, daß er, erbeutete Flaggen mit der aufgehenden Sonne im Gepäck und ausgezeichnet mit dem *Silver Star,* als Held aus dem Krieg im Pazifik zurückgekehrt war. Das war genug. Er war stolz auf diesen Vater, seinen richtigen Vater. Cristián mußte in letzter Zeit öfter daran denken, weil er selbst Vater geworden war und seinen Sohn sehr liebhatte. Er versuchte sich an die gemeinsame Zeit mit ihm zu erinnern. Er wollte lernen, was ein Sohn, nun ja, was er alles von seinem richtigen Vater lernen konnte. Eines Tages wäre er ein alter Mann, und sein eigener Sohn hätte vielleicht auch wieder einen Sohn.

Cristián lebte in einem gemieteten Haus mit Garten in East Hollywood, Nähe Normandie und Santa Monica – sein Vater würde also nicht allzu lange auf ihn warten müssen, auch wenn es ihm so vorkam. Cristián verfiel in Gedanken und Grübeleien: Die Frau seines Vaters schlief nicht mit ihm im selben Zimmer, und zwar schon seit Jahren, wie Cristián wußte, aber die Schnur, die sie an die Türklinke gebunden hatte, damit sie sich, ohne aus dem Bett zu steigen, einschließen konnte, war erst kürzlich dazugekommen. Sein Vater behauptete, es sei bloß ein Unfall gewesen, sie habe nicht so viele Pillen auf einmal nehmen wollen. Cristián erinnerte sich, wie sein Vater ausgesehen hatte, als er ihm das erzählte. Wie ein Wahnsinniger, der entschlossen war, keine andere Interpretation zu dulden. Dieser Gesichtsausdruck, das war sein richtiger Vater, der Vater, den er seit den Besuchen seiner Kindheit im Gedächtnis hatte.

Als er in die Vine Street einbog, wollte Cristián schon mit dem Grübeln Schluß machen, als seine Gedanken ein anderes Spiel begannen. Ihm war, als sei das nicht wirklich, als durchlebe er nur eine Erinnerung. Was vielleicht daher kam, daß er noch vor gar nicht so vielen Jahren hier in dieser Gegend gespielt hatte. In der Nähe, etwas weiter dahinten, gab es eine Bar; hier vorne war ein Club, eine Straße weiter war noch einer. All das kannte Cristián aus der Zeit, bevor er Frau und Sohn hatte, bevor er Vater geworden war, als er, wenn er überhaupt an seinen richtigen Vater dachte, glaubte, er werde ihn wahrscheinlich nie mehr wiedersehen. Es war erst kurz nach zehn, aber der Sonntagabend bewirkte, daß es viel später zu sein schien, zwei, drei Uhr morgens. Oder es lag am Neumond – der dunkle Himme von Hollywood war völlig glatt, von allen natürlichen Makeln gereinigt.

Nur aus einem Fenster fiel Licht aus dem kleinen Busbahnhof von Hollywood. Draußen war das Gebäude unbeleuchtet. Nicht einmal das Schild war angestrahlt. Nebenan standen Leute an einem Maschendrahtzaun und steckten in grauen Dampfschwaden die Köpfe zusammen über etwas, das wie ein Haufen schmutziger Putzlappen aussah. Cristián erblickte seinen Vater hinter einer Wartebank in der Nähe der breiten Zufahrtsstraße und hielt am Bordstein neben ihm. Sein Vater blieb noch stehen, bis ein großer Mann, der dicht am Straßenrand, den Blick auf etwas in sehr weiter Ferne gerichtet, seinen geschwollenen rechten Fuß wie einen Stumpf hinter sich herschleifte, an ihnen vorbeigegangen war.

»Danke«, sagte sein Vater. »Tut mir leid, dich noch so spät stören zu müssen.«

»Ist doch nicht spät«, sagte Cristián. »Ich helfe dir gern.«

Sein Vater trug einen schlechtsitzenden goldgelben Anzug – schlapp und formlos hing er an ihm herunter. Alt und gebraucht, typisch Hollywood. Cristián vermutete, sein Vater glaube wie ein anständiger Geschäftsmann gekleidet zu sein. Er war in der Überzeugung aufgewachsen, sein richtiger Vater sei reich; schließlich lebte er, wie Cristián dachte, in einer teuren Gegend, auf einem Hügel in Silver Lake mit Blick auf den Sunset Boulevard. Jetzt war er erwachsen genug und wußte, daß sein Vater nur reich an Hochmut war.

Sein Vater zerrte die schwere, kreischende Beifahrertür zu. Cristián war verlegen, denn es war das erste Mal, daß sein richtiger Vater bei ihm im Auto saß. Es war ein alter achtzylindriger Viertürer, dessen Innenraum schon seit Jahren verschlissen war. Auch Cristián hatte seinen Stolz, und es gefiel ihm nicht, daß sein Vater denken könnte, er verdiene nicht genug Geld, sich etwas Besseres leisten zu können. Andererseits glaubte er nicht, daß sein Vater überhaupt etwas davon mitbekam.

»Und?« fragte Cristián. »Wo bist du gewesen?« Das andere Thema war so naheliegend und ernst und unausweichlich, daß es gar nicht erst angesprochen werden mußte.

»Ich mußte nach Santa Maria«, sagte er tonlos. »Aber ich hätte nicht fahren sollen. So wichtig war es auch nicht.«

»Santa Maria?«

Sein Vater setzte sich auf dem Sitz zurecht. »Nördlich von Santa Barbara.« Er drehte sich kurz zu seinem Sohn herum, dann wandte er sich wieder ab. »Als ich jung war, habe ich dort gelebt. Damals haben wir Getreide geerntet und Hühner gezüchtet.«

»Das habe ich nicht gewußt.«

»Jetzt ist es dort ganz anders«, sagte er, nach vorn blickend. »Ich bin seit den Dreißigern nicht mehr da gewesen. Sehr verändert, wie alles andere.«

Auf dem Sunset Boulevard war so gut wie kein Verkehr. Die meisten Neonreklamen waren ausgeschaltet, Eisengitter versperrten die Schaufenster. Als sie vor einer roten Ampel hielten, sahen Cristián und sein Vater vor einer Kaschemme namens *Don Pedro* ein paar Männer stehen, die sich die Hälse nach ihnen verrenkten.

»Freunde von dir?« scherzte Cristián.

Sein Vater lächelte.

»Wir haben uns heute einen Fernseher gekauft«, erzählte Cristián aufgeräumt, als sie an der Ampel losfuhren. »Manchmal kommt's uns allmählich so vor, als hätten wir Geld wie Heu.« Er wollte seinem Vater zu verstehen geben, daß es ihm gutging, daß er glücklich war. »Als ich eben ging, saß der Kleine davor und hat gemalt. Er ist schon so groß. Kaum zu glauben, wie schnell er wächst.«

Sein Vater nickte schweigend, aber teilnehmend, wie Cristián zu spüren glaubte. Er war überzeugt davon, daß zwischen ihnen, zumal unter diesen Umständen, so etwas wie Freundschaft entstand, falls man dieses Wort auf das Verhältnis von Vater und Sohn anwenden konnte. Er dachte sogar, vielleicht würde er seinen Vater, seinen richtigen Vater, jetzt besser kennenlernen, vielleicht würde er jetzt endlich erfahren, was er bisher nicht über ihn hatte erfahren können.

»Die Dodgers gewinnen wohl immer weiter, wie?« meinte Cristián, dem nichts Besseres einfiel. »Haben keinen einzigen guten Batter in dieser Saison und gewinnen trotzdem andauernd.«

»Das liegt an den Werfern«, sagte sein Vater. »Die Dodgers haben immer gute Werfer.«

Cristián bog nach links vom Sunset Boulevard ab, dann nach rechts, und hielt auf das im spanischen Stil gebaute Haus seines Vaters zu, das Haus mit den zwei Schlafzimmern, das einzige Haus in der Straße, aus dessen Dach, wie ein religiöses Symbol, ein Türmchen ragte. Die Straßenlaternen waren an, doch der Asphalt unter ihnen schien die bleiche Gabe vollständig zu verschlucken. Es war mehr als dunkel, es war bedrohlich still, so still, daß das schrille Quietschen, mit dem sie die ungeölten Türen des schweren alten Wagens aufstießen, wie ein schauerliches Ächzen hallte.

»Soll ich mit dir raufkommen?« fragte Cristián.

»Bitte«, sagte sein Vater. Dann ging er los. Gebieterisch und festen Schrittes stieg er die Treppe hinauf. Cristián blieb unmittelbar hinter ihm, und wenn auch beide, oben angekommen, heftiger atmeten, waren doch weder er noch sein Vater besonders angestrengt.

»Soll ich mit dir reingehen?« fragte er.

Sein Vater hatte den Schlüssel ins Schloß gesteckt. »Ja«, sagte er und öffnete die Tür. Er trat ohne zu zögern ins Haus, zornig und kraftvoll, bog um eine Ecke, ging an einem Tisch vorbei, dann durch die Küche und weiter in sein Büro. Dort blieb sein Vater kurz stehen und sah den Flur hinunter nach der Tür des Schlafzimmers seiner Frau.

Das Büro war muffig und stammte noch aus der Vorzeit. Alte Papiere verstaubten auf einem hölzernen Schreibtisch, dessen abblätterndes Furnier mit schwarzem Schmutz überzogen war. Eine schwere graue Addiermaschine mit geschwungenem Hebel stand nutzlos auf einer Ecke des Schreibtisches neben dem einzigen neuen Gegenstand dort, einem kleinen Taschenrechner. Auf der anderen Ecke stand eine angelaufene Messinglampe, deren Glühbirne offenbar das einzige funktionierende Licht spendete, schmierig und trüb durch den uralten vergilbten Schirm.

»Soll ich mitkommen?« fragte Cristián.

»Nein«, sagte sein Vater, ohne ihn anzusehen. »Warte hier.«

Cristiáns Vater schritt zornig zu der Tür, aus deren Ritze unten ein Lichtstrahl drang. Als er sie aufmachte, schlug grellweißes Licht heraus und brannte sich in Cristiáns erweiterte Pupillen. Er blinzelte und wartete, bis er besser sehen konnte.

Plötzlich erschien sein Vater wieder an der Tür und schloß sie hinter sich. Er gebärdete sich noch immer wie seit ihrer Ankunft – trotzig, unerschrocken, wütend. Er trat an seinen Schreibtisch und holte einen Packen ungeöffneter Post aus einem metallenen Briefständer. Dann nahm er einen Brieföffner mit verziertem, stumpf silbernem Griff. Er schlitzte einen Umschlag auf – darin hatte er Übung, er machte das mit der Gewandtheit eines jungen Mannes – und zog den Inhalt heraus, ohne den Öffner wegzulegen.

Cristián hielt sich zurück, bis sein Vater fast zu Ende gelesen hatte. »Und? Alles in Ordnung?«

Er hob die Augen von dem Brief. Cristián erkannte wieder einmal das Gesicht seines richtigen Vaters. »Es geht ihr gut«, sagte er.

»Dann fahr ich jetzt wohl nach Hause«, sagte Cristián.

»Danke, daß du mich abgeholt hast«, sagte sein Vater, indem er den nächsten Umschlag aufschlitzte. »Tut mir leid, daß ich dich so spät noch belästigt habe.«

»Schon gut«, sagte Cristián.

Der Preis

Montags gehe ich nicht zu Chino, da ist er mir zu kratzbürstig und verkatert zum Haareschneiden. Freitags nach vier gehe ich auch nicht, denn dann trinkt er sein Bud und kann sich nicht konzentrieren. Samstags und sonntags trinkt er nur, und wenn ich auch manchmal auf ein Bier zu ihm gehe, habe ich doch, ob das nun eitel klingt oder nicht, allzu große Sorge, daß meine Frisur ihm danebengeraten könnte. Das alles habe ich im Lauf von knapp zehn Jahren persönlicher Erfahrung im Umgang mit Chino gelernt. Die verbleibenden Stunden und Tage, nie zu früh, nicht zu spät, reichen ja auch für einen Besuch bei ihm. Wenn das Weiße in Chinos Augen nicht rot geädert ist, wenn er von den Katzenfischen erzählt, die er an seiner Geheimstelle aus dem Fluß geholt hat – er wird mir die Fische zeigen, locker in Folie gewickelt im Gefrierfach seines Kühlschranks –, dann ist Chino ein echter Künstler. Wenn er fertig ist, kann ich mir mit den Fingern zufrieden durch die Haare fahren und schreite von dannen, als hätte ich ihm für die sieben Dollar, die er verlangt, einen Haarschnitt zu zwanzig Dollar abgeluchst.

Chinos Salon befindet sich, mit Blick auf die Berge, in einem auf Südwesten aufgemachten Motel, das El Río Bravo heißt – weißer Strukturputz, rot geziegelte Vorsprünge, türkis gestrichene Holztüren mit langen

Scharnieren, türkis auch, jedoch abblätternd und verblassend, die Fensterrahmen und der trockengelegte Pool in der Mitte des Hofs. Vor den Zimmertüren stehen immer noch große amerikanische Wagen und lassen Öl auf den Parkplatz rinnen, doch wirken sie ebenso alt und verfallen wie das Motel, verbeult und ohne Radkappen, dafür von oben bis unten mit Schlamm und Staub bedeckt.

Chinos Laden ist der einzige, der in dieser Häuserreihe noch offen hat; die Schneiderei nebenan wurde vor einem Jahr aufgegeben, und die Geschäftsführung hat sich nie die Mühe gemacht, drinnen aufzuräumen. Vor kurzem ist Chino ein Stück weiter in ein größeres Motelzimmer umgezogen, aber mit Aus- und Einziehen beschäftigt er sich schon, seit er hier ist. Nicht daß man einen Unterschied erkennen könnte. Auf der Veranda stehen zwei kaputte Holzstühle, ein noch brauchbarer, allerdings rostiger Chromsessel, daneben Pappkartons, ein ausgeschlachteter Lautsprecher, ein Autoradio mit Drucktasten und ein tragbarer Fernseher, beider Innenleben Wind und Wetter preisgegeben. Das lebensgroße Poster einer Blondine im Bikini, der Ständer durch falschen Gebrauch leicht verbogen und wellig von der feuchten Luft, lehnt unter Chinos handgemaltem – von ihm selbst gemalten – schwarzen Schild, auf dem in kleinen Buchstaben steht: *Friseur.*

Es ist Mittwoch, wenige Minuten vor eins.

Auf dem Schild im Fenster steht »Geschlossen«, die Moteltür ist abgesperrt, aber ich parke trotzdem neben Chinos weißem Kabrio. Das Schild hängt immer da; das Stoffdach des Kabrios geht zwar noch auf und zu, aber das Auto läuft nicht mehr, und wenngleich ich seinen anderen Wagen nicht sehe, bin ich zuversichtlich, denn versetzt hat Chino mich noch nie.

Ich spähe durch das trübe Glas, und da sitzt er ohne Licht über einem dampfenden Teller am Couchtisch. Er winkt mich rein, kommt aber trotzdem an die Tür, als ich sie öffne.

»Hatte kaum Zeit zum Mittagessen«, erklärt er.

»Freut mich, wenn einer, den ich kenne, so viel zu tun hat«, sage ich. »Bei soviel Kundschaft wirst du hier ja wohl bald eine Wand rausreißen müssen.« Es ist ganz schön eng bei ihm. Eine jetzt abgeteilte Hälfte des Motelzimmers ist sein Schlafzimmer, und in dem kleinen sichtbaren Teil arbeitet er. Den Umbau hat er selbst erledigt, Monate hat das gedauert. Holzstücke und Plastikteile an allen Ecken und Enden, Berge von Tischlerwerkzeug. Ich sitze auf der verschlissenen harten Couch im Gewirr einer Verlängerungsschnur, die auf einigen Seiten einer in Juárez erscheinenden Tageszeitung liegt, welche wiederum von einem Stapel neuerer Ausgaben bedeckt sind. Zerknüllte Zeitungen und Zeitschriften bewohnen seinen Salon wie Katzen die Wohnung einer alten Jungfer. Man muß sich seinen Platz freischaufeln.

»Bin gleich soweit«, sagt Chino mit vollem Mund. »Hast du Hunger?«

»Nein, nein, iß nur, laß dir Zeit.«

In dem dunklen Raum wirkt Chino noch schwärzer, als er ohnehin schon ist. Zähne und Augen leuchten in seinem Gesicht wie der Kühlergrill eines Autos in der Nacht, und seine weiße Klempnerkleidung strahlt wie in einer Waschmittelreklame. Chino trägt eine schwarze Kappe mit der Aufschrift: »Ich bin der, vor dem deine Mutter dich immer gewarnt hat.« Seine Hände balancieren einen halben, mit Grillfleisch gefüllten Big Tex Hamburger, den er wie eine Tortilla zusammengeklappt hat und in ein Plastikschälchen mit Salsa taucht.

»Willst du wirklich nichts?« fragt er nach.

Eigentlich doch, wenn ich ihn so genüßlich mampfen sehe, aber ich winke ab. Ich wühle in seinen Pornomagazinen herum. Woanders bekomme ich so etwas nicht mehr zu sehen. Es sind hauptsächlich die bekannten, aber gelegentlich stoße ich auf Spezialmagazine wie dieses hier. Es heißt *Bottoms Up.* Das Centerfold zeigt eine Reihe junger Frauen, die sich von der Kamera wegbücken – ich zähle sie, es sind zwölf; sie haben die Hände auf ihre symmetrisch gespreizten Knie gestützt, ihre wohlgeformten Hinterteile reihen sich wie auf eine Schnur gezogen über die glänzende Doppelseite. Meine Phantasie versetzt mich in die Rolle des Fotografen, und das ist so bizarr und komisch – die

Mädchen in die entsprechende Position bringen, den Ausschnittwinkel festlegen, die Einstellung durchdiskutieren, sie zusammenrücken – »Candy, Schätzchen, könntest du die Knie noch etwas weiter auseinander ... noch ein *wenig* mehr ... ja, genau so!« –, daß ich richtig gute Laune bekomme.

»Mein Gott, Chino«, sage ich, »wo nehmen die nur so etwas her?«

Chino ist aufgestanden und hat Licht gemacht, er nimmt eine Zweiliterflasche Limo aus dem Kühlschrank und trinkt. Jetzt kommt er zu mir und sieht sich mit dem Gleichmut des Kenners an, wovon ich rede. »Die gibt es überall«, erklärt er mir weise. »Man muß nur wissen wo.« Er wickelt die Folie um das Fleisch, nimmt die Tüte mit den extragroßen Brötchen, geht damit zur Frisierkommode, zieht eine der Schubladen auf, so daß deren mit Mahagonipapier ausgeschlagenes Inneres sichtbar wird, und schiebt den Inhalt zusammen, um Platz zu schaffen. Er stopft die unförmige Tüte mit den Hamburgerbrötchen hinein, dann das Fleisch. Dann blickt er zu mir rüber, besieht sich kopfschüttelnd, was er getan hat, und nimmt das Fleisch wieder aus der Schublade.

»Mal wieder so ein Tag, Chino?«

»Mal wieder so eine Nacht«, sagt er und schiebt das mit Folie umwickelte Päckchen in den Kühlschrank. Er wirft seine Kappe darauf, stellt den 60-Zentimeter-Farbfernseher zwischen Frisierkommode und Kühlschrank an und starrt, während er warmläuft, leeren Blickes hinein. Ich beschließe noch aufs Klo zu gehen, bevor er mir den Umhang umbindet. Auch dort ist alles mit dem Müll seines Lebens vollgestellt. Das Waschbecken neben mir ist voller aufgeweichter Zigarettenkippen und schmutzigem Einwickelpapier und leerer Bierdosen – bestimmt ein ganzer Kasten –, was aber in dieser Umgebung eigentlich nicht besonders chaotisch wirkt. Ich habe die Tür zum Bad offengelassen. »Von gestern nacht?« frage ich, mit dem Kopf nach dem Waschbecken nickend.

»Aber nein, die sammle ich bloß.«

Nachdem ich die Spülung betätigt habe, dreht Chino den Frisierstuhl in meine Richtung, und ich setze mich rein. Dann dreht er mich zum Fernseher herum, der in einer so schmalen Nische steht, daß Chino ein Stück von der Frisierkommode absägen mußte, damit das metallene Untergestell überhaupt Platz hat. Er bindet mir den Umhang im Nacken zu.

»Was darf's denn heute sein?« fragt er und zündet sich eine Zigarette an.

Auf dem im wesentlichen violetten Bildschirm flimmert eine mexikanische Serie, man sieht ein wild knutschendes Pärchen. »Am liebsten die da. Die sieht ziemlich gut aus. Moment noch. Wenn ich's mir genau überlege, wenn du mich schon so fragst, nehm ich lieber zwei von der Sorte, eine für jeden Arm. Das würde mir reichen, ich will ja nicht gierig sein.«

»Mal sehen, was ich für dich tun kann«, sagt Chino. »Manchmal, mußt du wissen...« Er grinst verschlagen, unterbricht sich, als zöge er an seiner Zigarette. »Ich will dir mal was sagen«, fängt er an. Jetzt nimmt er wirklich einen Zug. »Als ich heute morgen einem Kunden die Haare geschnitten habe, dachte ich bei mir, wenn ich mit dem fertig bin, werde ich erst mal eine Stunde frei haben.«

Ich werfe einen Blick auf Chinos Terminbrett, das er selbst aus Kork gebastelt hat. Es ist senkrecht von Montag bis Sonntag aufgeteilt, waagrecht in Halbstundenschritten von neun Uhr morgens bis sechs Uhr abends. Chino hat von den meisten seiner Kunden unscharfe Polaroidfotos auf seinem Frisierstuhl gemacht, die er mit Nadeln in das jeweilige Kästchen heftet. Zwischen halb zwölf und halb eins nimmt er keine Termine an. Ansonsten ist alles von neun Uhr an vollgesteckt.

»Und heute bin ich richtig froh darüber, ich bin nämlich sehr müde. Aber ich weiß auch, daß ich mich irre. Das spüre ich, verstehst du? Ich sehe es direkt vor mir, daß ich danach noch einen Kunden haben werde, so einen Zufallskunden, und ich überlege schon, wie ich fünf Minuten früher hier rauskomme, damit er gar nicht erst fragen kann. Ich bringe es nicht fertig, einen Kunden wegzuschicken, wenn er fragt. Ich sehe ihn schon vor mir stehen. Aber der, an dem ich jetzt arbeite, der läßt sich gerne Zeit. Läßt sich rasieren und alles.

Also komme ich nicht früher weg, sage aber zu ihm: ›Hören Sie, gleich kommt jemand und will den nächsten Termin. Muß jeden Augenblick reinkommen‹, sage ich. Er lacht mich aus, er meint, ich erfinde das nur. Aber dann taucht dieser andere wirklich auf, wie ich gesagt habe. Und fragt, ob ich ihn als nächsten nehmen kann. ›Sehen Sie?‹ sage ich zu meinem Kunden.«

Chino schneidet mir jetzt die Haare. Das übliche. Schnippelt zwischen den Sätzen. Seine Geschichte ist spannend, und ich sehe ihn als Figur darin. Er ist klein und dünn, sieht aus wie ein Indio. Ich bemerke die eleganten Silbersträhnen in seinen schwarzen Haaren, die er zu einem schicken kurzen Pferdeschwanz zusammengebunden hat. Sein Gesicht ist mit grauen Bartstoppeln bedeckt. Mir fällt auf, daß seine Hände innen fast so dunkel wie außen sind. Seine Hautfarbe wundert mich, weil er doch den ganzen Tag nicht aus dem Haus kommt.

»Und als ich dann diesem Kunden die Haare schneide, sehe ich im Geist schon den nächsten kommen, noch so einen Zufallskunden. Unglaublich, denke ich und überlege, wie ich, wenn ich mit dem hier schneller fertig werde, hier rauskomme und essen gehe, und daß ich, nach dir um eins, bis halb vier keinen vorgemerkt habe. Aber dann wird mir klar, daß er auf jeden Fall kommen wird, und zwar genau dann, wenn ich mit dem hier grade fertig bin ...«

»Und ihm die Haare von der Schürze schüttelst!«

stimme ich begeistert zu. »Und ihm die Härchen vom Hals bürstest!«

» . . . ja, ich weiß genau, es wird noch ein Kunde kommen, egal ob ich schnell oder langsam mache, dieser nächste Zufallskunde kommt garantiert. Und genauso ist es: Als ich fertig bin und aufblicke, steht er in der Tür.«

Ich lache. »Du bist ein Hexenmeister, Chino, gib's zu!«

»Sag ich doch immer. Die Hexerei. Manchmal kann ich mit meinen Geisteskräften etwas eintreten lassen.«

Was er da sagt, ist nicht besonders logisch. Vielleicht weiß er das auch. Aber es macht Spaß, darauf einzugehen. »Scheiße, Chino, wenn das so ist, hast du bestimmt keine Schwierigkeiten, diese hübschen Frauen für mich zu organisieren. Bei deiner Macht. Wenigstens *eine* von ihnen, dazu ein paar Margaritas mit zerstoßenem Eis – Kleinigkeit für dich.«

Er lacht, aber schon von anderen Gedanken eingenommen. Er packt mich an der Schädeldecke und schnippelt an den Koteletten und um die Ohren herum. Dann tritt er vor einen erregten Fernsehdialog über Inzest. Chinos Blick ist ähnlich leidenschaftlich.

»Ich will dir noch was erzählen. Letztes Jahr war ich in Juáritos bei einem Baseballspiel.«

»Als Werfer?«

»Nein. Meine Verletzung, ich werfe nicht mehr.« Chino und ich sprachen oft von Baseball, da wir beide in der Liga gespielt hatten, ich hier, er drüben. Vor einigen Jahren war ich bei ein paar Spielen in Juárez gewesen und hatte seine Mannschaft in einem Meisterschaftsturnier gegen ein Team aus Chihuahua gesehen.

»Ach Gott. Was war denn?«

»Vergiß es. Hör mir lieber zu!«

Ich möchte ihn auslachen, weil er das so ernst nimmt, verkneife es mir aber.

»Ich sitze mit einem Freund hinter der Home Plate, wir liegen drei zu eins hinten. Zwei Spieler sind schon ... wie sie heißen, spielt keine Rolle ..., jedenfalls sind sie auf der ersten und zweiten, ein Bunt und ein Error, aber, nun ja, ihr Werfer, der hat's in letzter Zeit etwas übertrieben und steht jetzt ganz unten auf der Batting Order, die Infielder stehen bereit, und er wird mit den letzten beiden out gemacht.«

Ich glaube, ich weiß schon, was jetzt kommt. Jeder müßte das wissen. Aber gerade weil es so offensichtlich ist und er so tut, als sei es das nicht, erwarte ich nun eine ungewöhnliche Wendung. »Am Schluß des Neunten, richtig?«

Diesmal bestätigt Chino meine Unterbrechung mit einem anerkennenden Nicken. »Wir haben nur zwei gute Batter im Team, und damit haben wir uns den Run geholt, zwei Double Plays im ersten, aber diese beiden, na ja, andere kommen gar nicht in Frage, und als Heri ran soll, kann er nicht schlagen. Mein Freund Jorge, der neben mir sitzt, der sagt schon: ›Das war's, dreimal out, holen wir uns ein Bier.‹ Und ich: ›Wollen wir wetten?‹ Er lacht mich aus.«

»Du hast es an der Zeitverschiebung gemerkt, wie beim Pferderennen, stimmt's, Chino?«

»Ich sage ihm, wenn er mir fünfzig Dollar gibt, setze ich fünf. Die würde ich sowieso für das Bier ausgeben, denke ich mir.«

»*Andale,* Chino!«

»Aber ich habe wirklich so ein Gefühl. Wie ich eben schon erzählt habe. Jedenfalls geht Jorge darauf ein. Und so bleibe ich sitzen und mache die Augen zu.«

Chino senkt den dunklen Kopf und kneift die dunklen Lider zusammen, als störe ihn etwas, dann legt er sich die dunklen Hände an die dunklen Schläfen. Ich höre nur den Fernseher. Er blickt wieder auf.

»Jorge lacht noch über mich, als ich das tue, und dann plötzlich – ist die Sache gelaufen.« Chino zeigt ein breites stolzes Lächeln.

»Leicht verdiente fünfzig Dollar. Er hat doch gezahlt?«

Anscheinend habe ich die Pointe nicht mitbekommen, denn Chino zögert mit der Antwort. »Ich habe ihn nicht dazu gezwungen.« Er wendet sich meinen Haaren zu.

Ich bin froh, daß er mir wieder die Haare schneidet. Um zwei Uhr habe ich eine wichtige Verabredung, und ich will hier nicht zu lange bleiben. »Chino, ich sag dir was. Ich bin blank, ich brauche Geld. Beschaff mir welches, ja? Besorg mir einen großen Sack voll Geld. Meinst du, das kannst du machen?«

»Klar!« sagt er.

»Schön, dann tu das. Wir teilen es uns dann. Nur einen Sack voll, Mann. Das reicht.«

»Abgemacht«, sagt er. Er tritt kurz zurück und blinzelt wieder mit geschlossenen Augen.

»*Andale,* Chino! Große Scheine, nichts Kleineres als Zwanziger!«

Er gebietet mir zu schweigen und legt sich die Hände an die Schläfen. Es kommt mir vor, als grinse er dabei, aber das kann auch Einbildung sein. Nach einigen langen Sekunden beginnt er wieder an meinen Haaren zu schneiden.

»Einen großen Sack voll, Chino. So groß wie ein großer Zwiebelsack.«

»Okay, bekommst du«, sagt er. »Aber denk dran, es wird geteilt, wir machen halbe-halbe.«

»Du kannst dich auf mich verlassen«, sage ich. »Ich betrüge dich nicht.«

Chino schnippelt jetzt oben an mir rum, ich kann ihn nicht richtig sehen, nicht mal in einem der Spiegel. »Du kannst mich gar nicht betrügen«, sagt er. »Das bringt Unglück. Mit Hexerei ist nicht zu spaßen.«

»Selbstverständlich, weiß ich.«

Er ist fast fertig. »Ich werde es täglich versuchen. Es könnte aber ein paar Wochen dauern, sagen wir, bis du das nächste Mal vorbeikommst.«

»Was sind schon ein paar Wochen für einen Sack voller Zwanziger.«

»In Ordnung«, sagt er. »Versprochen. Ich werde mich jeden Tag darauf konzentrieren. Und wenn du das Geld hast, sag mir Bescheid. Ich vertraue dir, daß du es mir sagst. Wo es herkommen wird, weiß ich nicht. Nur so viel, es kommt von irgendwo, von wo du noch niemals Geld bekommen hast. Vielleicht kommt es als Scheck mit der Post, von irgendeinem Verwandten, an den du gar nicht mehr gedacht hast, so was in der Richtung, aber du mußt es mir sagen, wir müssen teilen.«

Ich denke überhaupt nicht nach, so sicher bin ich mir. Ich habe noch niemals einfach so Geld bekommen, und wenn Chino das einrichten kann ... Dabei weiß ich genau, er kann es nicht, er wird es nicht, es wird nichts daraus. »*Andale,* Chino. Mach uns beide reich. Ich weiß, du kannst es schaffen.« Er gibt mir einen kleinen Spiegel. »Sieht klasse aus«, sage ich zu meinem Hinterkopf, der von dem großen Spiegel vor mir in den kleinen gespiegelt wird. Er nimmt mir den Umhang ab und läßt die abgeschnittenen Haare vorne auf den Boden fallen. Dann säubert er mir mit der Puderbürste den Hals. Ich stehe auf, greife in die Tasche und lege ihm sieben Dollar hin. »Danke. Bis zum nächsten Mal.«

»Ich werde mich täglich konzentrieren«, erinnert er mich. »Wenn es da ist, rufst du mich an.«

»Ich werde täglich aus der Haustür schauen, Chino.

Ich rechne fest damit. Wir kaufen uns beide ein neues Auto.«

Ich steige in mein jetziges. Ich blicke in den Rückspiegel und streiche mir zufrieden mit den Fingern durchs Haar. Ich lasse den Motor an und fahre los. Dann fällt mir etwas ein. Der Preis. Ich habe mich um einen Preis beworben. Das ist schon so lange her, sechs, sieben Monate, daß ich es vergessen hatte. Ich habe nicht damit gerechnet, ihn zu bekommen. Nicht weil ich ihn nicht verdient hätte, im Gegenteil, ich bin arrogant genug zu glauben, daß er mir zusteht, und die Vorstellung, daß ich ihn nicht bekomme, macht mich stinksauer. Nur daß der Preis nicht direkt für die Arbeit verliehen wird, so verdienstvoll sie auch sein mag. Es geht eher darum, daß man an den richtigen Orten verkehrt, die richtigen Leute kennt, sich richtig verhält. Ich lebe in El Paso, und Chino, der mir sympathisch ist, schneidet mir für sieben Dollar die Haare, und ich bin dauernd auf Arbeitssuche, nehme alles, was ich kriegen kann. Ich bin der Falsche, ich bin nicht zum Sieger bestimmt. Seit Jahren nehme ich mir vor, von hier wegzuziehen. Wenn ich woanders wohnen würde, wenn ich am richtigen Ort leben, die richtigen Leute kennen, das richtige Leben führen würde, dann erschiene meine Vergangenheit hier so exotisch und aufregend, als ob ich in der Wildnis gelebt hätte. So ganz glaube ich natürlich auch daran nicht, und deshalb scheue ich mich, von hier wegzugehen. Das ist meine

Heimat, meine ganze Familie lebt hier, hier fühle ich mich wohl.

Andererseits rechne ich doch mit dem Preis. Vielleicht macht man es ja einmal richtig, vielleicht habe ich Glück und einer von denen da draußen macht mal eine Ausnahme und erklärt mich zum Sieger, gerade weil ich *nicht* am richtigen Ort lebe und so weiter, oder trotz dieser Tatsache, oder weil ihnen meine Arbeit gefällt. Daran glaube ich, darauf verlasse ich mich. So würde ich es machen, wenn ich den Preis zu vergeben hätte.

Ich fahre die Mesa Street runter, biege in die Rio Grande ein, dann in die Copia und denke mir, ich sollte Chino anrufen. Der Preis zählt nicht, will ich ihm sagen.

Aber eigentlich ist das überflüssig. Er zählt ja wirklich nicht. Das steht fest, ich brauche es mir nicht zu erklären. Wenn ich ihn bekomme, dann aus eigenen Kräften, nicht weil Chino dahintersteckt.

Und wahrscheinlich bekomme ich ihn sowieso nicht. Da kann Chino auch nichts dran ändern.

Die Nachricht müßte jetzt in diesen Tagen eintreffen. Falls ich den Preis bekomme, darf Chino auf keinen Fall davon erfahren. Sollte er es doch erfahren, scheiß drauf. Er trinkt zuviel, meine Haare sind leicht zu schneiden, und ich bin leicht zufriedenzustellen.

Ich glaube, ich bekomme ihn. Das Geld könnte ich wirklich gut gebrauchen.

Am Mittwoch der folgenden Woche ruft Chino bei mir zu Hause an. Chino hat mich seit Jahren nicht mehr zu Hause angerufen. Nicht mehr seit der Zeit, als wir gelegentlich nach Juárez zum Baseball gefahren sind. »Ich habe mich täglich konzentriert«, sagt er, »und jetzt möchte ich wissen, ob sich schon was ergeben hat.«

»Noch nicht«, sage ich. Soll ich ihm sagen: immer mit der Ruhe, streng dich nicht so an? Aber er soll nicht denken, daß ich etwas vor ihm verberge. Soll ich ihm von dem Preis erzählen; daß der nicht zählt? Aber ich will ihm nichts erzählen, was er sowieso nie erfährt, wenn ich nicht davon anfange. »Du machst deine Sache nicht besonders gut, Chino. Du wirst langsam alt.«

»Ich versuch es weiter«, sagt er. »Sag mir Bescheid, wenn was passiert.«

»*Andale,* Chino. He, aber wenn ich zehn Cent auf der Straße finde, werd ich es dir nicht melden.«

Daß Chino angerufen hat, regt mich auf. Ich glaube, ich werde mir nicht mehr in seinem Motelzimmer die Haare schneiden lassen. Ich will den Preis bekommen, aber diese Sorgen machen mich krank. Wenn ich tagsüber unterwegs bin, eile ich nach Hause und sehe nach, was im Briefkasten ist.

Freitag nächster Woche ruft Chino wieder bei mir an. Seine Augen sind gerötet, sein Pferdeschwanz hat sich aufgelöst, das weiße Hemd hängt ihm aus der Hose, er arbeitet an einem Zwölferpack Budweiser, den er im Kühlschrank stehen hat. Das alles sehe ich mühelos durchs Telefon. »Wenn überhaupt was passiert, *verliere* ich Geld, Chino. Wenn ich so darüber nachdenke, schiebst du mir kein Geld zu, sondern nimmst mir welches weg.«

»Ich versuche täglich daran zu denken.«

»Da haben wir's! Was soll das heißen, du *versuchst dran zu denken*?«

Er stößt ein übertriebenes Lachen aus. Dann würgt er, hustet, holt Luft und spricht mit tieferer Stimme weiter. »Sag mir bloß Bescheid. Du weißt, du mußt mit mir teilen. Du darfst nicht alles für dich behalten und mich um meinen Anteil betrügen.«

Jetzt bin ich aber wirklich sauer. Dazu fällt mir nichts Komisches oder Originelles mehr ein. »Chino«, sage ich, »ich muß jetzt weg. Wir sehen uns später.« Ich lege den Hörer auf.

Jetzt bin ich mir sicher, daß ich den Preis bekomme. Ich habe es nie im Leben einfach gehabt, ich habe niemals leichtes Geld verdient, also muß es jetzt einmal sein.

Oder ich tue so, als ginge es mir gar nicht um das Geld. Die meisten Empfänger dieses Preises sehen das so, weil sie schon reich sind, weil sie Häuser und neue Autos besitzen und niemals um Arbeit haben betteln müssen.

Ich kann nur hoffen, daß die Nachricht sich noch verzögert. Daß ich es erst in einigen Wochen erfahre.

Dann werde ich Chino nichts zu erklären brauchen. Als der Brief dann kommt, blutet mir das Herz. Da sollte ich nun, sage ich mir, vor Freude über diesen Preis ganz aufgeregt sein, und statt dessen dreht sich mir der Magen um. Plötzlich fasse ich einen Entschluß. Oder er faßt mich. Ich weiß es nicht; doch ob er aus mir selbst heraus oder von irgendwo da draußen kommt, auf alle Fälle ist es mein Entschluß, und er befreit mich aus Chinos Bann: Ich werde ihm nichts davon sagen, und falls er dahinterkommt, werde ich behaupten, ich hätte erst später davon erfahren.

Ich mache den Brief auf. Zu unserem Bedauern müssen wir Ihnen mitteilen. Das überrascht mich eigentlich kaum, sage ich zu meinem zynischen Ich. Wie heißt es doch immer so schön: Wer sagt denn, daß es im Leben fair zugeht? Ich brauche nur über den Fluß zu gehen, mir vorzustellen, wie schlecht es den Leuten da drüben geht, und schon wird mir klar, was für ein Glückspilz ich bin. Ich könnte ja auch blind werden, ich könnte gelähmt sein, ich könnte hungrig, frierend und verdreckt, brummelnd und paranoid durch die Straßen irren. Und diese Leute beklagen sich nicht einmal. Das alles gibt es, ich weiß. Ich könnte tot sein. Das Leben ist zu kurz, als daß man sich über engstirnige Preisrichter aufregen sollte, im übrigen mache ich sowieso, was ich will. Ich denke auch an Chino. Ich könnte ihn anrufen und ihm sein Versagen vorhalten. Aber dann fällt mir wieder ein, was ich vor wenigen Minuten gedacht habe.

Mein Entschluß. Wenn ich beschlossen hätte, mit Chino zu teilen: was dann? Hätte der Brief dann anders gelautet?

Ausgeschlossen. Nein.

Eine Woche danach rufe ich Chino an. »Nichts, nicht mal ein bißchen zerkratztes Kleingeld auf dem Parkplatz. Du strengst dich nicht genug an. Konzentrierst du dich auch richtig?«

»Ich verstehe das nicht. Ich gebe mir die größte Mühe.«

Ich spüre sein Lächeln durchs Telefon. Ich sehe ihn vor mir. »Scheiße, Chino, ich sag dir was: Du mußt in kleineren Maßstäben denken. Vielleicht liegt es ja daran. Versuch's doch mal mit einer Schachtel Ein-Dollar-Scheine.«

»Keine schlechte Idee.«

»Oder paß mal auf. Erinnerst du dich an das schöne Mädchen, das ich von dir haben wollte? Irgendeines von denen auf dem Foto. Hauptsache, sie sieht gut aus.«

Er lacht. »Soll ich dir einen Termin geben?«

»Ich kann mir zur Zeit nichts leisten, nicht einmal dich. Frühestens in ein, zwei Wochen.«

»Sag mir Bescheid.«

»*Andale,* Chino. Bis später also.«

Der Lkw

Die Tischsäge stand in der Mitte der Schreinerwerkstatt. Wie immer, oder wie fast immer, hielt Martínez ein Stück Holz an die Führung; sein Cowboy-Strohhut war ihm etwas in die Stirn gerutscht, eine Zigarette hing ihm im rechten Mundwinkel, sein Blick war auf den Facettenschnitt gerichtet, den er gerade durchschob. Einige Männer, Zimmerleute und Hilfsarbeiter, saßen auf dem Arbeitstisch, der wie ein L an zwei Wänden entlanglief. Andere standen bei der Pendelsäge, zwei lehnten an der großen Bohrmaschine. Und zwei standen neben Martínez und sahen ihm mit einer Bewunderung zu, die an Liebe grenzte. Da Martínez früher in einer Möbelwerkstatt gearbeitet hatte, war er der Star hier, der Mann für diffizile Arbeiten, bei denen Geduld und Feingefühl wichtiger waren als Kraft und Schnelligkeit. Die beiden neben ihm waren von seiner Geschicklichkeit besonders beeindruckt.

Die Tischsäge war laut, noch lauter, wenn sie sägte, und alle hielten mehr oder weniger den Mund, wenn sie lief. Dann aber wurde sie ausgeschaltet, der Motor erstarb, und die Stille danach war ungeheuer. Da auch Bescheidenheit zu Martínez' Tugenden zählte, nutzte er den ruhigen Augenblick in der Mitte der Werkstatt zu einer selbstkritischen Bemerkung über das soeben von ihm gefertigte Produkt.

»Das wird reichen müssen«, erklärte er, wobei die Zigarette zwischen seinen Lippen mit jeder Silbe mitwippte. Er hob das Stück Holz vor die Augen, spähte daran entlang und genoß einen Zug aus der filterlosen Kippe.

Blondie, der Vorarbeiter, im Scherz auch *el mero güero* genannt, saß in einem anderen Winkel der Werkstatt an seinem Schreibtisch. In Wirklichkeit war sein blondes Haar fast vollständig grau. »Moya«, rief er und winkte Alex zu sich heran. Carlo Davis folgte ihm auf dem Fuß.

»Willst du die kaufen?« fragte Blondie. Er mochte Alex. »Ist praktisch neu.«

»Eine 357er Magnum?« fragte Alex. Carlos sah ihm mit großen Augen über die Schulter.

»44er Magnum. Wenn man den Unterschied nicht weiß, merkt man's nicht.«

»Kann ich mal sehen?« fragte Carlos.

Blondie drehte sich um und zog die Brauen hoch: ausgeschlossen. Er hatte es nicht nötig, mit Worten zu reagieren, und machte selten welche; wahrscheinlich weil er kein Wort Spanisch sprach und mit lauter Männern arbeitete, die nur wenig Englisch konnten. Er hatte mehr als zwanzig Jahre für die Stadt gearbeitet, und das war seine letzte Woche. Er reichte Alex die Pistole. Er mochte Alex, seine Arbeit gefiel ihm, aber Carlos traute er nicht über den Weg. Ein paar von den anderen, darunter Martínez, stellten sich dazu.

»Besser nicht«, meinte Alex und befühlte sie vorsichtig. »Die möcht ich nicht auf mich gerichtet sehen.«

Martínez – niemand redete ihn beim Vornamen an – streckte die Hand nach der Waffe aus, und Alex gab sie ihm. »Habe gehört, die schießt glatt durch zwei, drei Wände durch«, sagte er. »Reißt ein Loch so groß wie ein Fußball in den Bauch, habe ich gehört.«

Blondie nickte, das interessierte ihn nicht. »Bietet guten Schutz«, sagte er. »Ich will sie bloß loswerden.«

»Heute nicht«, entschuldigte sich Alex.

»Ich habe eine Schrotflinte, eine Remington«, sagte Martínez. »Mit der mache ich auch Löcher an den richtigen Stellen.«

»Ja, also …« Blondie starrte wieder auf seinen Schreibtisch, auf dem ein Berg von Aufträgen lag. »Das hier ist für euch«, sagte er zu Alex. »Eine Trennwand im Armijo Center.«

»Nur ich und Carlos?«

Blondie nickte. Er nahm ein paar Schlüssel vom Schreibtisch und schüttelte sie. »Hier, ihr könnt den Lkw nehmen.« Es war der Wagen, den man der Werkstatt schon vor einem Jahr zugesagt, aber erst vorige Woche geliefert hatte. Würde Blondie nicht in Rente gehen, hätte er damit nach Hause fahren können. Der neue Vorarbeiter brauchte keinen, weil er schon einen hatte.

Alex spürte Martínez' mißfälliges Schnaufen. Der würde jetzt bis zum Feierabend davon reden, was für ein Fehler das sei und daß ein gewisser anderer Tischler hier den Wagen eher verdient hätte.

»Eins noch«, sagte Blondie und zog die Hand mit den Schlüsseln noch einmal zurück, damit Alex auch zuhörte. Er sah zu Martínez hinüber, der aufmerksamer lauschte, als er sich anmerken ließ, und sagte dann: »Na ja, du weißt schon oder solltest es inzwischen wissen.«

* * *

Nachdem er mit Carlos Balken und Sperrholzplatten auf die Ladefläche des Lkw geschoben hatte, holte Alex noch eine Skilsäge, eine Schnur und Nägel und lud das alles und seine Werkzeugkiste auf den Wagen. Es war eine lange Fahrt vom städtischen Bauhof zu dem Segundo Barrio im ländlichen Lower Valley. Alex, der es immer eilig hatte, wollte die I-10 nehmen. *»N'hombre!«* widersprach Carlos. »Nimm den langen Weg, immer mit der Ruhe.« Das letzte Wort sprach er so gedehnt, als ob es um Sex ginge. Alex nickte grinsend, fuhr gemächlich den North Loop runter und sog den feuchten Pferdegeruch ein.

Carlos fand es aufregend, in dem Lkw zu sitzen – womöglich das neueste Auto, in dem er jemals gesessen hatte, von einem Polizeiwagen einmal abgesehen, und auch der war knapp zwei Jahre alt gewesen. »Siehst du, ich hab's dir doch gesagt«, meinte er. »Daß Blondie auf dich hören würde. Der weiß eben, daß du der beste Tischler bist. Der weiß es einfach. Und über diesen Martínez weiß er auch Bescheid, was der hinter deinem Rücken immer für einen Scheiß über dich erzählt...«

»Hör auf damit, Mann«, schnitt Alex ihm das Wort ab. »Ich will nichts hören von dem Kerl.«

Carlos mußte immer zu weit gehen und Streit suchen. Nicht daß er nicht recht hatte, was Martínez betraf. Und Blondie hatte Alex ja wirklich den Lkw überlassen – Urquidi fuhr den Eintonner für die großen Aufträge, mit denen die meisten Männer beschäftigt waren, aber bei den kleineren Zwei-Mann-Aufträgen würden er und Martínez von nun an gleichberechtigt behandelt werden. Trotzdem, Carlos übertrieb, und das tat er auch, wenn er von Alex' handwerklichen Fähigkeiten sprach. Seine Übertreibungen verwirrten Alex ebensosehr wie seine Geständnisse, zum Beispiel, daß er Sachen aus der Werkstatt klaute. Einen Stirnhobel, einen Philips-Bohrschrauber, ein paar Spitzzangen. Es gingen ständig Werkzeuge verloren, und auch andere ließen wahrscheinlich mal was mitgehen. Damit hatte Carlos nicht ganz unrecht. Andererseits war Alex überzeugt, daß er auch nicht ganz recht hatte, aber das sagte er nicht. Lieber genoß er es, bewundert zu werden und als clever und geschickt zu erscheinen; was auch immer Carlos in ihm sah, er wollte ihn nicht enttäuschen. Außerdem hatte Alex, obwohl er acht Jahre älter war als der zwanzigjährige Carlos, insgeheim Respekt vor ihm. Alex könnte sich aufrichten und erklären, auch er sei fähig, sich durchs Leben zu schlagen, aber Carlos hatte eine harte Jugend hinter sich und wirklich Schlimmes durchgemacht, und das gab ihm, ähnlich wie einem, der im Krieg gewesen ist, eine geheimnisvolle Kraft, um die ihn jeder beneidete, der in erfreulicheren Verhältnissen aufgewachsen war. Alex war nur deswegen so ein großartiger Tischler geworden, weil er in der Baufirma seines Vetters gearbeitet hatte. Den Job bei der Stadt hatte er angenommen, weil das eine sichere Sache war – er war verheiratet und hatte zwei Töchter, die zweite noch nicht mal ein Jahr alt. Für Carlos war es der erste Job überhaupt.

Carlos war in der Seventh Street aufgewachsen. Er hatte hinter einer der türkis gerahmten Fliegentüren mit einer Glühbirne davor gewohnt, in diesem grauen Backsteingebäude mit seinen siebzig Jahre alten, krummen und schiefen Stürzen und Schwellen, in dem Haus gegenüber von dem saphirblauen und neben dem rubinroten, einen Block entfernt von dem, wo jede Wohnung ein Meer aus leuchtenden mexikanischen Farben war – die ganze Straße so bunt und reich und warm gewebt wie eine Indianerdecke. Mit elf hatte Carlos in dem Club gegenüber dem Armijo Center einen anderen Jungen niedergestochen. Und dort, unter dem Wandbild von Che Guevara, auf das die Gangs ihre schwarzen Logos sprühen, hatte er rote Halstücher getränkt, die Augen geschlossen und so lange geschnüffelt, bis sein Geist wie von einem Windhauch weggeweht wurde.

»Das ist ein Scheißzeug«, belehrte ihn Alex. »Macht Hamburger aus deinem Hirn.«

»Jetzt weiß ich das auch«, sagte Carlos ernst, »aber damals wußte ich es nicht.« Er krümmte sarkastisch die Lippen. »Wenn es Tacos draus machen würde, das wär schon was anderes, wie?«

Alex, der Carlos zuhörte, fuhr ziemlich langsam und dann sogar noch am Armijo vorbei, bevor er ein paar Straßen weiter kehrtmachte.

»Du kannst gleich davor parken, Mann«, sagte Carlos. »Auf dem Wagen steht ja, daß wir von der Stadt sind. Ich will vor meinen Kumpels angeben.«

»Das ist eine Ladezone.« Alex parkte auf dem Platz neben dem Gebäude. Er wollte keinen Ärger. Das war es, worauf Blondie angespielt hatte: Martínez erzählte überall herum, Alex sei als Zimmermann nicht besser als sein Gehilfe Carlos. »Meine Oma könnte das genauso gut, und die hat den grauen Star«, behauptete er. Und daß die beiden miteinander auskamen, war für Martínez, der vor allem Carlos nicht leiden konnte, der endgültige Beweis ihrer Unfähigkeit. Mit dem Lkw hatte Blondie Alex den Rücken stärken wollen.

Carlos schüttelte verstimmt den Kopf, er war sauer, daß es nicht nach seinem Willen ging. »Wär doch *irre*, draußen davor zu parken, als ob der Laden uns gehören würde.«

»Wir sind keine Rockstars mit ’nem Luxusschlitten«, sagte Alex, der sich in solchen Augenblicken fragte, warum er überhaupt mit diesem Typen arbeiten wollte.

Als Alex im gläsernen Haupteingang verschwunden war, schlich Carlos draußen in seinem weißen T-Shirt und den Chinos unzufrieden hin und her. Doch als auch er einmal die Tür aufstieß und sah, daß niemand sonst da war, beschleunigte er seinen Schritt und gab die lahme Haltung auf. Sie luden Material und Werkzeug ab und flirteten dabei sogar mit der Sekretärin – sie war verheiratet, aber in Ordnung. Die Wand, die sie dort einbauten, sollte einen kleinen verschließbaren Raum für Basketbälle, Billardstöcke, Tischtennisschläger und dergleichen abtrennen. Die Tür konnten sie noch nicht einsetzen, weil die erst nächste Woche geliefert würde, aber sie bauten schon mal die Wand: Gerüst, Verankerung und Sperrholzverkleidung, und dann reparierten sie auf Bitte der Sekretärin sogar noch ein paar andere Sachen. Das alles schafften sie in drei Stunden. Alex war wirklich schnell, besonders im Vergleich zu den anderen städtischen Zimmerleuten. Mehr wurde an diesem Tag nicht von ihnen erwartet.

»Dieser blöde Martínez«, sagte Carlos draußen auf dem Basketballplatz. »Der alte Knacker hätte jetzt noch nicht mal den Baum gefällt. Und wie ihm seine Camaradas in den Arsch kriechen. Ach, Mr. Mar-*tí*-nez, wie *gut* Sie das machen. Der hätte jetzt noch kaum einen Nagel drin. Tack. Tack. Tack. Da schläft man ja ein dabei.«

Alex hatte sich einen Basketball ausgeliehen. Auf der High School hatte er in der Basketballmannschaft mitgespielt, auch später noch gelegentlich mit alten Freunden auf den Asphaltplätzen der Austin High School – jetzt warf er besser als damals, und damals war er schon nicht schlecht gewesen.

»Andale!« Carlos stand kopfschüttelnd unter dem Korbring. »Was kannst du eigentlich nicht?«

Alex war zufrieden mit seinem Spiel, und das Kompliment freute ihn natürlich auch. Er fühlte sich so gut, daß er an all das denken mußte, was er nicht mehr machte, was er hinter sich gelassen hatte. Er hatte richtig gehandelt, und das war nicht verkehrt. Aber er hatte auch manches verpaßt. Daß er Basketball spielte, kam nur noch allzuselten vor, er hatte ganz vergessen, was für einen Spaß es machte, einfach so herumzualbern, wenn er – vielleicht sogar *weil* er – wußte, daß er eigentlich etwas Sinnvolleres tun sollte. Damals hatte er alle seine Freundinnen seinen Basketballkünsten zu verdanken. Seine Frau, das schönste, netteste Mädchen, das er auf der High School kennengelernt hatte, hatte ihm das erstemal zugelächelt, als er einen Korb erzielte.

»Gehen wir essen«, sagte er.

»Holen wir uns ein Bier«, schlug Carlos vor.

»Gehen wir essen und trinken ein Bier dazu«, sagte Alex.

* * *

Sie gingen die Straße runter zum Jalisco Café und bestellten das Tagesgericht und jeder zwei Bier. Es war noch ziemlich früh, und Alex fand es nicht ratsam, zum Armijo zurückzugehen, wo sie nichts mehr zu tun hatten.

»Vielleicht sollten wir einfach zur Werkstatt zurück«, sagte er.

»*N'hombre! Da* haben wir auch nichts zu tun. Dann sollten wir lieber *hier* nichts tun. Klingt doch vernünftig, wie?«

Alex hatte keine Lust, über dieses Thema zu diskutieren. Außerdem hatte Carlos recht – in der Werkstatt würden sie nur herumsitzen und sich langweilen und auf Blondie warten, der wahrscheinlich gar nicht da war, und wenn sie Pech hatten, kam irgendein höheres Tier vorbei, vor dem sie sich dann auch noch rechtfertigen mußten.

Carlos erzählte Alex von einem schattigen Baum, unter dem sie parken könnten, aber vorher ließ er ihn bei Mena's Bakery anhalten. Alex nahm an, er wolle Zigaretten kaufen. Statt dessen kam Carlos mit zwei Literflaschen Bier aus dem Laden.

»Spinnst du?!« sagte Alex.

»Genau, ich bin der Spinner, zu Ihren Diensten.« Carlos schraubte eine Flasche auf und reichte sie Alex. Er war schon gut drauf.

»Das können wir nicht machen«, sagte Alex.

Carlos ließ den Kopf zur Seite sinken; jetzt war er ganz der obercoole Cholo. »Das ist kein Chiva, nicht mal Mota. Es ist nichts, Mann, bloß ein bißchen *Bier.*«

Alex schüttelte seine Verärgerung ab. Er schämte sich sogar, daß er gegen etwas so Harmloses Bedenken geäußert hatte. Wo sollte das noch mit ihm hinführen? Das war doch keine große Sache. Ein bißchen Bier, was war denn schon dabei? Und als er sich beruhigt hatte, schmeckte es ihm sogar.

Sie dösten über eine Stunde lang unter dem Schattenbaum und beschlossen dann, auf einem weiten Umweg zurückzufahren.

»Da drüben«, sagte Carlos. Alex hielt vor einem kleinen Lebensmittelladen an der Alameda. Er gab Carlos einen Fünfer für die Erdnüsse, die ihre Fahne kaschieren sollten.

Carlos kam mit schiefem Grinsen und noch zwei Literflaschen Bier aus dem Laden.

»Ausgeschlossen, Mann«, sagte Alex. »Wir fahren jetzt zurück. Wenn wir die getrunken haben, können wir uns da nicht blicken lassen.«

»Erdnüsse hab ich auch besorgt. Und das Bier war im Angebot.« Er machte seine Flasche auf. »Mir werden diese Typen jedenfalls nichts davon anmerken.«

Alex unterdrückte seinen Zorn und schimpfte sich sogar wieder selber aus. Dann machte er die andere Flasche auf und trank und begann sich wohlzufühlen – vielleicht nicht ganz so wie Carlos, der mit hastigen Zügen trank. Doch Alex war jetzt so entspannt, daß er beim Fahren an alle möglichen Dinge dachte, die er hatte tun wollen und die er vergessen hatte, und so fuhr er gedankenverloren vor sich hin, bis er plötzlich merkte, daß er längst am städtischen Bauhof vorbeigefahren und weit östlich davon gelandet war. Er lachte und fluchte gleichzeitig über diesen Lapsus und orientierte sich im Seiten- und Rückspiegel. Es kamen keine Autos, also bog er nach links auf das freie Feld, um dort zu wenden.

* * *

»Mann, so ein Mist!« sagte Carlos gereizt. Er war betrunkener als Alex. Er hatte schwer einen sitzen – jeder würde es ihm ansehen. »Jetzt muß dieser blöde Martínez uns hier rausholen, der wird sich kaputtlachen über uns. Was machst du so einen Scheiß?«

Sie hatten alles versucht, um den Wagen herauszukriegen, aber der Reifen hatte sich bis zur Achse in den Sand gebohrt. Sie hatten Steine und Holzstücke druntergelegt. Der Reifen drehte durch und bespritzte sie mit Sand.

»Den kriegen wir hier nicht mehr raus«, jammerte

Carlos. »Jetzt bist du schuld, daß wir den Wagen los sind.«

Alex widersprach nicht, debattierte nicht, verteidigte sich mit keinem Wort. Carlos war weit weg, genau wie Martínez. Alex fühlte seine Füße vom Boden abheben, seine Arme streckten sich, der Ball verließ seine Fingerspitzen. Und als er im Bogen von ihm wegsegelte, glaubte er ihn immer noch zu fühlen, und dann spürte er beseligt, wie der Ball das Netz straffte und hindurchglitt – das währte so kurz oder so lang wie ein erster Kuß, es kam nur darauf an, wie man sich daran erinnerte.

Frankfurter Verlagsanstalt – Neue Literatur

Margaret Mazzantini
Die Zinkwanne
Roman. Deutsche Erstausgabe
Aus dem Italienischen von Viktoria v. Schirach

»›Die Zinkwanne‹ ist eine fein gedrechselte Chronik des Jahrhunderts irgendwo zwischen der präzisen Beobachtungsgabe eines Flaubert und der psychologischen Sensibilität eines Henry James ... in der Tat das vielleicht aufsehenerregendste literarische Debüt der Saison.« (Welt am Sonntag)

»Im Rahmen ihres wundervollen Debütromans ›Die Zinkwanne‹ sucht diese Autorin im Gestus einer bisweilen fellinihaft arbeitenden Erinnerung nach jenem Stoff, der Leben heißt. Über einen Zeitraum von mehr als hundert Jahren spannt diese Autorin ihren retrospektiv geschlagenen Bilderbogen. Kristallisationspunkt ihrer italienischen Erinnerungsreise ist – ähnlich wie im Fall von Susanna Tamaros Mega-Erfolg ›Geh wohin dein Herz dich trägt‹ – die Person der Großmutter. Hier ist es Antenora, eine ebenso eigenwillig wie charismatisch erscheinende Frau, um welche die Ich-Erzählerin geradezu magisch ihre Sätze zu legen beginnt ... Mit ihrem ersten Roman ist der Autorin auf Anhieb ein betörendes, zwischen Erinnerung und Vision, Tagtraum und geträumter Wirklichkeit oszillierendes Stück Prosa gelungen, das zweifellos zum Schönsten dessen zählt, was in den letzten Jahren aus Italien zu uns herübergedrungen ist: Familiensaga, Episodenquell und poetische Beschwörung zugleich. Ein von Italien aus in dieses Jahrhundert geöffnetes Seitenfenster, ein Buch, in dem die italienische Seele steckt.«

(Peter Henning, Die Woche)

Frankfurter Verlagsanstalt – Neue Literatur

Quim Monzó

Das ganze Ausmaß der Tragödie

Roman. Deutsche Erstausgabe

Aus dem Katalanischen von Elisabeth Brilke

Für den Trompeter eines Cabarets erfüllt sich ein langgehegter Traum, als er endlich mit dem Star des Theaters ausgehen kann. Während des gemeinsamen Abendessens trinkt er sich Mut an, bis er sich eingestehen muß, daß er, falls er sein Ziel erreicht (mit dem Mädchen ins Bett zu gehen) höchstwahrscheinlich versagen wird. Das befürchtete Fiasko tritt ein, doch am Morgen danach wird der Trompeter von einer Erektion überrascht, die nicht nachläßt und den ganzen Roman über anhalten wird ... So beginnt ›Das ganze Ausmaß der Tragödie‹, ein Roman über Liebe, Haß, Einsamkeit, den unwiderruflichen Lauf der Zeit und die Unausweichlichkeit des Todes. In Form einer Komödie zeichnet Monzó mit kräftigen Strichen ein Bild der Ungereimtheiten unserer Welt.

»Quim Monzó schrieb den Faust in seiner grotesken Version ... Quim Monzós scheinbar beiläufige Ironie in ›Das ganze Ausmaß der Tragödie‹ ist maßlos, außergewöhnlich. Es ist ohne jeden Zweifel sein bestes Buch.« (La Vanguardia)

»Das ganze Ausmaß der Tragödie: ein metaphysisch-priapistischer Abenteuerroman. Roman-Maria, Musiker in einem Cabaret, beschließt mitten in einem erotischen Rendezvous dem Teufel seine Seele für eine Erektion zu verkaufen. Von dem Zeitpunkt an, an dem er sie bekommt, sind seine Tage auf Erden gezählt.« (ABC)

»Die Sprache ist von solcher Eleganz, daß alles in diesem Buch vorstellbar ist – so grotesk oder widersinnig es auch sein mag.« (El Pais)